Klausurtraining

unterwegs sein

Gedichte interpretieren

Von Wilhelm Borcherding

Ernst Klett Verlag
Stuttgart · Leipzig

Musterklausur 1: Vergleich zweier lyrischer Texte

Heinrich Heine: Lebensfahrt

Ein Lachen und Singen! Es blitzen und gaukeln[1]
Die Sonnenlichter. Die Wellen schaukeln
Den lustigen Kahn. Ich saß darin
Mit lieben Freunden und leichtem Sinn.

Der Kahn zerbrach in eitel[2] Trümmer,
Die Freunde waren schlechte Schwimmer,
Sie gingen unter, im Vaterland;
Mich warf der Sturm an den Seinestrand[3].

Ich hab ein neues Schiff bestiegen,
Mit neuen Genossen[4]; es wogen und wiegen
Die fremden Fluten mich hin und her –
Wie fern die Heimat! mein Herz wie schwer!

Und das ist wieder ein Singen und Lachen –
Es pfeift der Wind, die Planken[5] krachen –
Am Himmel erlischt der letzte Stern –
Wie schwer mein Herz! die Heimat wie fern!
(1843)

Worterklärungen: 1 gaukeln: leicht und spielerisch schaukeln; 2 eitel: lauter, nichts als; 3 Seinestrand: Heine lebte seit 1831 in Paris; 4 Genossen: u. a. Georg Herwegh (1817–1875), Moses Heß (1812–1875), Karl Marx (1818–1883) und Karl Grün (1817–1887); 5 Planke, die: schmales Brett; Rumpf und Deck von Holzschiffen wurden mit Planken abgedeckt

Aus: Heine, Heinrich: *Werke und Briefe in zehn Bänden.* Herausgegeben von Hans Kaufmann. Bd. 1. Berlin und Weimar: Aufbau-Verlag 1972, S. 327

Ute Zydek: Eine Heimat nicht gefunden

Seit Jahrzehnten auf der Flucht
nie angekommen irgendwo
Landschaften durchquert
an Türen gepocht
immer wieder abgewiesen worden
streunend weitergezogen
manchem hinterhergetrottet
viel gehungert und gefroren
zuweilen in Herbergen gerastet
dort Brot und Gnade bekommen

aber
eine Heimat nicht gefunden
(1981)

Aus: Zydek, Ute: *Hat wohl jemand eine Harfe in den Baum gehängt. Gedichte und kleine Prosa.* Augsburg: Aufgang Verlag 2015, S. 11

Aufgabenstellung:

1. Analysieren Sie das Gedicht „Lebensfahrt" von Heinrich Heine und berücksichtigen Sie dabei die Lebensdaten des Autors. *(36 Punkte)*
2. Analysieren Sie zunächst das Gedicht „Eine Heimat nicht gefunden" von Ute Zydek und vergleichen Sie es mit dem Gedicht „Lebensfahrt" Heines im Hinblick auf Gemeinsamkeiten und Unterschiede in der Gestaltung des Motivs „Heimat". *(36 Punkte)*

1. Erstes Überfliegen des Textes – Aufgabenstellung erfassen → **2.** → **3.** → **4.** → **5.** → **6.**

Überfliegen Sie das Gedicht. Halten Sie Ihr erstes Textverständnis stichwortartig fest. Beantworten Sie dazu die folgenden Fragen:

Wer spricht	►	Sprecher, lyrisches Ich
zu wem	►	Adressat, lyrisches Du, ...
in welcher Situation	►	Ort und Zeit des Geschehens (Rahmenbedingungen)
worüber	►	Thema/Motiv, Gefühle, ...
wie	►	sprachliche und formale Gestaltungsmittel
wozu?	►	Botschaft

Formulieren Sie anschließend eine oder mehrere Verstehenshypothesen (oder auch Fragen an den Text).

- Das lyrische Ich erleidet mit seinen (gleichgesinnten) Freunden einen „Schiffbruch". Während sie im Vaterland untergehen, findet es neue Freunde in Paris. Aber es vermisst die Heimat.
- Das Gedicht kann biografisch gedeutet werden: Heine scheitert wie die „Genossen" als politischer Dichter und muss ins Exil nach Paris gehen. Die neuen Freunde können ihn über den Verlust des Heimatlandes und des deutschen Publikums nicht hinwegtrösten.
- Inwiefern spiegelt Heines Gedicht die Stimmung und die Erfahrungen seiner deutschen „Freunde" und „Genossen" im „Vormärz" wider (Epochenbezüge)?

Lesen Sie nun die **Aufgabenstellung** genau durch. Achten Sie vor allem auf die Arbeitsanweisungen (Operatoren). Klären Sie für sich ab, was von Ihnen erwartet wird.
Das vorliegende Aufgabenformat besteht aus **zwei Teilaufgaben**. Beide hängen inhaltlich/thematisch eng zusammen, was Sie bei Ihrem weiteren Vorgehen unbedingt beachten sollten.
Die **erste Teilaufgabe** verlangt von Ihnen eine **Analyse des Gedichts**. Die Erschließung der inhaltlichen und der sprachlich-formalen Elemente soll unter Berücksichtigung der biografischen Daten des Autors erfolgen.
Auch die **zweite Teilaufgabe** sieht zunächst die inhaltliche und formal-stilistische Erschließung des Gedichts vor. Allerdings können Sie auf den Analyseergebnissen der ersten Teilaufgabe aufbauen. Der anschließende **Vergleich** soll die Gemeinsamkeiten und Unterschiede der beiden Gedichte herausarbeiten, wobei die Erfahrung des Verlusts der Heimat besonders in den Mittelpunkt gerückt werden soll.

1. → **2. Text aspektorientiert erschließen** → 3. → 4. → 5. → 6.

Teilschritt: Inhalt sichern (→ 1. Teilaufgabe)

Lesen Sie das erste Gedicht jetzt sorgfältig durch. Lassen Sie es zunächst auf sich wirken und erschließen Sie dann den Inhalt durch die folgende Vorgehensweise:

- Markieren Sie die **Schlüsselwörter** im Text, indem Sie eine **semantische Kartografie** (Vernetzung) durchführen.
- Fügen Sie **Randnotizen** hinzu.
- Fassen Sie den Inhalt der Strophen zusammen und formulieren Sie für jede Strophe eine **Zwischenüberschrift**.

Das Vorgehen bietet folgende Vorteile:

- ► **Inhaltsübersichten liefern einen Überblick über das Geschehen.**
- ► **Sie ermöglichen bei der Suche nach Textbelegen/Zitaten eine schnelle Orientierung.**
- ► **Sie enthalten Formulierungen, die Sie direkt übernehmen und mit Ihren eigenen Erschließungsergebnissen verknüpfen können.**

Fassen Sie Ihre ersten Eindrücke und den Inhalt der vier Strophen kurz mit eigenen Worten zusammen.

Ihre ersten Eindrücke sollten sich auf folgende Aspekte beziehen:

- Autor und Entstehungszeit
- inhaltliche Aspekte (Verhältnis von Überschrift und Text, Themen und Gegenstände, Motive, …)
- formale und stilistische Auffälligkeiten

Kurze Übersicht über den Inhalt der einzelnen Strophen:

1. Strophe: Beschreibung der Ausgangslage: Situation des lyrischen Ichs im Vaterland
2. Strophe: Scheitern des lyrischen Ichs und seiner Freunde und die unterschiedlichen Folgen für die Betroffenen.
3. Strophe: Die Situation des lyrischen Ichs im Exil und seine (positiven und negativen) Erfahrungen
4. Strophe: Trotz der Hoffnungen, die die neue Situation weckt, schmerzt der Verlust der Heimat.

Teilschritt: Genauere Analyse des lyrischen Ichs (→ 1. Teilaufgabe)

Eine besondere Bedeutung kommt dem fiktiven Sprecher des Gedichts zu. Sehr häufig handelt es sich um ein lyrisches Ich, das im Text über sich / von sich spricht, das Geschehen schildert und kommentiert sowie Reflexionen dazu anstellt. Aber es gibt auch Gedichte, in denen kein lyrisches Ich auftritt, gleichwohl kann ein „neutraler Beobachter" als lyrischer Sprecher auftreten.
Folgende Aspekte umfasst die Analyse des Sprechers, insbesondere des lyrischen Ichs:

Welche **Sprechsituation** wird aufgebaut?
- Welchen Zusammenhang stellt er/es zu einem Geschehen, Gegenstand, Problem her?
- Welche Beziehungen zu anderen wirklichen oder fiktiven Figuren werden deutlich?
- Stellt er/es einen Bezug zum Leser her?
- Beschreibt, kommentiert und reflektiert das lyrische Ich seine eigenen Erfahrungen?

Welchen **Standpunkt** nimmt er/es **gegenüber dem Dargestellten** ein?
- Nimmt er/es eine räumliche oder zeitliche Nähe oder Distanz zu den Dingen ein?
- Ist der Sprecher / das lyrische Ich unmittelbar betroffen?

Welche **Sichtweise** nimmt der Sprecher / das lyrische Ich ein?
- Berichtet oder teilt er/es etwas mit; reflektiert oder argumentiert er/es?

Welche **Sprechhaltung** nimmt er/es ein?
- Welche inneren Wertvorstellungen bringt er/es zum Ausdruck?

Welche **Sprechabsicht** verfolgt der Sprecher / das lyrische Ich?
- Handelt es sich um eine rein sachliche Darstellung oder ist die Schreibweise von Ironie, Pathos, Spott, Abwertung, ... geprägt?

Das Beispiel auf der folgenden Seite veranschaulicht, wie Sie die Untersuchungsaspekte zum lyrischen Ich auf das Gedicht anwenden können. Markieren Sie die Informationen und werten Sie Ihre Befunde durch entsprechende Randnotizen aus.

Lebensfahrt	Metapher: Das Leben als Schifffahrt
Ein Lachen und Singen! Es blitzen und gaukeln	Stimmung des lyrischen Ichs: Begeisterung / Aufgeschlossenheit / Zuwendung zum Leben
Die Sonnenlichter. Die Wellen schaukeln	Tradition, Anklänge an die Romantik
Den lustigen Kahn. **Ich** saß darin	Lyrisches Ich (kennt sich aus in der Romantik)
Mit lieben **Freunden** und leichtem Sinn.	Literarische Gefährten: Schriftstellerkollegen des „Jungen Deutschland“ Dichter/Dichtung und Fiktion (Utopie)
Der Kahn zerbrach in eitel Trümmer,	Die romantische Dichtung hat sich überlebt
Die **Freunde** waren schlechte Schwimmer,	Dichter, die die Wirklichkeit verklärten oder idealisierten
Sie gingen unter, im Vaterland;	Schicksal: Sie haben in Deutschland keine Zukunft
Mich warf der Sturm an den Seinestrand.	Das lyrische Ich wählt das Exil
Ich hab ein neues Schiff bestiegen,	Lyrisches Ich (neue Schreibweise)
Mit neuen **Genossen**; es wogen und wiegen	Neue Freunde: Philosophen und Politiker / Dichtung und Politik (Realität)
Die fremden Fluten **mich** hin und her –	Zerrissenheit des lyrischen Ichs / des Dichters
Wie fern die Heimat! **mein** Herz wie schwer!	Sehnsucht / Schwermut / Sorge über die Zukunft
Und das ist wieder ein Singen und Lachen –	Neue Begeisterung: Teilnehmer am Überlebenskampf (neue Aufgabe der Dichtung)
Es pfeift der Wind, die Planken krachen –	Behauptung des lyrischen Ichs im alltäglichen (literarischen) Kampf
Am Himmel erlischt der letzte Stern –	Der Himmel ist nicht mehr voller Sterne / Verlöschen der Illusionen der früheren Dichtung (Romantik) / neue Schreibweise
Wie schwer **mein** Herz! die Heimat wie fern!	Stimmung: Trauer/Sehnsucht

Erschließungsergebnisse

Der Sprecher/das lyrische Ich beschreibt zwei wesentliche Abschnitte seines Lebens, die sein Schicksal wesentlich bestimmt haben/bestimmen. Er/es analysiert darüber hinaus die Ursachen für das Scheitern seiner (literarischen) Weggefährten.

Von seinem Standpunkt aus bilanziert er/es das Geschehen in Deutschland und Paris, wobei es ihm nicht gelingt, seine direkte Betroffenheit zu verbergen.

Die Sprechhaltungen haben sich verändert: Die neuen Schreibweisen begeistern ihn ebenso sehr wie die traditionelle (romantische) Darstellungsweise und weisen ihm neue Aufgaben zu.

ABER: Gleichzeitig verdeutlicht er in seiner Sprechabsicht sein Bedauern über den Verlust der Heimat und des deutschen Publikums, das seine Leserschaft darstellte.

Teilschritt: Gedankenführung und Struktur des Gedichts erschließen (→ 1. Teilaufgabe)

Neben der Analyse und Deutung des lyrischen Ichs gilt es auch den Aufbau und die Struktur des Gedichts zu erschließen und zu erläutern. Das Strukturmuster wird bestimmt durch die Darstellung des Geschehens, der Figurenkonstellationen sowie der Raum- und Zeitstrukturen.

Strukturmuster

- Skizzieren Sie die Entwicklung des Geschehens vom Anfang bis zum Ende des Gedichts.
- Beschreiben Sie den Aufbau des Gedichts.
- Stellen Sie den Zusammenhang zwischen den Geschehnissen und dem Aufbau des Gedichts dar.
- Beschreiben und erklären Sie die Zeit- und Raumstruktur des Gedichts.
- Beschreiben Sie die Bedeutung des Titels für das Verständnis des Gedichts.

Erschließen Sie die fünf Aspekte zum inhaltlichen Aufbau und zur Struktur des Gedichts.

Entwicklung des Geschehens
Beginn: Wiedergabe auditiver und visueller Eindrücke des lyrischen Ichs, die sich als Rückblick auf eine vergangene Zeit herausstellen – Fortsetzung des Berichts über die weiteren Ereignisse und deren Folgen – Wechsel der Perspektive in die Gegenwart: Neue Aktivitäten, die neue Herausforderungen mit sich bringen – Erneute Wiedergabe auditiver, visueller und sensorischer Eindrücke, die noch einmal auf die neuen Probleme verweisen

Aufbau des Gedichts
Vier Strophen mit je vier Versen
Rückblick in den ersten zwei Strophen und Gegenwartsbezug in den ersten drei Zeilen der dritten und vierten Strophe
Wiederholung der Beschreibung der Stimmung des lyrischen Ichs in der vierten Zeile der dritten und vierten Strophe: Gefühl des Heimatverlusts und daraus resultierende Schwermut

Zusammenhang zwischen Geschehnissen und Aufbau
Eine deutliche Zäsur nach der zweiten Strophe markiert den Wechsel von der Vergangenheit in die Gegenwart. Der Verlust der Heimat und die daraus resultierende Niedergeschlagenheit werden durch die Endstellung in den beiden letzten Strophen hervorgehoben.

Zeit- und Raumstruktur
Das Gedicht konzentriert sich auf die Gegenüberstellung von Vergangenheit und neuen Verhältnissen sowie die Darstellung der andauernden Probleme der Gegenwart. Aus dem „Vaterland" (Deutschland) geht der Sprecher / das lyrische Ich ins Exil nach Frankreich (Paris). Die Situation in den beiden Ländern wird als Fahrt mit einem „Kahn" oder einem „Schiff" versinnbildlicht.

Titel und Inhalt
Der Lebenslauf des lyrischen Ichs (eines Dichters) wird gleichgesetzt mit einer Kahnfahrt. Die überlieferten Vorstellungen vom Wesen der Dichtung können aufgrund der politischen und gesellschaftlichen Verhältnisse im „Vaterland" keine angemessenen Antworten auf die Anforderungen der Gegenwart mehr geben. Nach dem Kentern gehen die Zeitgenossen des lyrischen Ichs (literarisch) unter, während es sich ins (rettende) Exil begibt. In der neuen Umgebung sucht sich das lyrische Ich ein neues Schiff, das mit neuen „Genossen" besetzt ist. Das lyrische Ich kann nur bedingt Ruhe finden, weil es die Heimat sehr vermisst und sein Herz stark darunter leidet.

Teilschritt: Analyse der lyrischen Form (→ 2. Teilaufgabe)

Zu den Ihnen sicherlich bekannten lyrischen Formelementen gehören die Strophenform, der Reim, das Metrum, die Klanggestalt, die Wortwahl und die rhetorischen Figuren, die Bildhaftigkeit, usw. Da diese Elemente die Aussage unterstützen und zum Teil verstärken sollen, müssen sie erschlossen und erklärt werden.

✎ Erstellen Sie dazu eine semantische Kartografie zur Sprache des Gedichts. Achten Sie besonders auf Anklänge an die Romantik.

Lebensfahrt		***Metapher: Reise***
Ein Lachen und Singen! Es blitzen und gaukeln	a(w)	Chiasmus/Romantische Anklänge Enjambement
Die Sonnenlichter. Die Wellen schaukeln	a(w)	Tradition (Romantik)/Enjambement
Den lustigen Kahn. Ich saß darin	b(m)	Bildhaftigkeit/Enjambement/häufig gebrauchtes Bild der Zeit
Mit lieben ~~Freunden~~ und ~~leichtem Sinn~~.	b(m)	Wortwahl/Metapher: Inhalt der Dichtung
Der ~~Kahn~~ zerbrach in eitel Trümmer,	a(w)	Metapher: romantische Dichtung hat sich überlebt
Die Freunde waren schlechte Schwimmer,	a(w)	Bildhaftigkeit/Unreiner Reim/Alliteration
Sie gingen unter, im Vaterland;	b(m)	Wechsel des Metrums: Daktylus
Mich warf der Sturm an den Seinestrand.	b(m)	Metapher/Personifikation
Ich hab ein neues ~~Schiff~~ bestiegen,	a(w)	Metapher: Aufgabe der Literatur unter veränderten Vorzeichen / Assonanz / Parallele zu Kahn
Mit neuen ~~Genossen~~; es wogen und wiegen	a(w)	Wortwahl: politischer Aspekt
Die fremden Fluten mich hin und her –	b(m)	Adjektiv-Substantiv-Kopplung / Alliteration Interpunktion: Pause
Wie fern die Heimat! mein Herz wie schwer!	b(m)	Motiv: HEIMAT/Interpunktion
Und das ist wieder ein Singen und Lachen –	a(w)	Wiederholung/Chiasmus Interpunktion: Pause
Es pfeift der Wind, die Planken krachen –	a(w)	Bildhaftigkeit
Am Himmel erlischt der letzte Stern –	b(m)	Romantik
Wie schwer mein Herz! die Heimat wie fern!	b(m)	Chiasmus/Motiv HEIMAT

Strophenform
Vier Strophen mit jeweils 4 Versen (Lied)
Reim
a a b b (Paarreim)
Enjambements
In den ersten drei Strophen häufig vorkommend, am Ende der vorletzten und in der letzten Strophe wird durch die Interpunktion das Tempo eher verlangsamt
Metrum
Wechsel vom Jambus zum Daktylus / Regelmäßigkeit bei den Kadenzen: w w, m m

Wortwahl
Auffällig sind die Adjektiv-Substantiv-Kopplungen, mit denen Heine den Gegensatz zwischen früher und heute (z. B. „lustiger Kahn“ ↔ „neues Schiff“) sowie seine Überlegenheit gegenüber seinen alten Freunden betont.
Satzbau
Überwiegend Parataxe; zunehmend finden sich am Ende der letzten Zeilen des Gedichts Gedankenstriche, die eine gewisse Nachdenklichkeit anzeigen. Besondere Aufmerksamkeit verdienen die letzten Zeilen der dritten und vierten Strophe. Hier handelt es sich um vier nach dem Muster eines Chiasmus' variierte Ausrufesätze, die Heines Sehnsucht und Verlustängste unterstreichen.
Tempusformen
Nach der Auftaktschilderung im Präsens (Unmittelbarkeit des Eindrucks) benutzt das lyrische Ich zunächst das Präteritum (Schilderung vergangener Ereignisse). In der ersten Zeile der dritten Strophe wechselt es dann ins Perfekt, um anzudeuten, dass die (positiven) Auswirkungen des Exils in der Gegenwart andauern. Die restlichen Verse weisen das Präsens auf (Unmittelbarkeit der aktuellen Situation).
Rhetorische Figuren / Bildhaftigkeit
Die zentrale Metapher zur Verdeutlichung der Unterschiede zwischen Vergangenheit und Gegenwart ist die des Kahns/Schiffs auf ruhigem/stürmischen Gewässer. Darüber hinaus verdeutlichen die Wiederholungen in den letzten Versen der Strophen 3 und 4 die Stimmung des lyrischen Ichs.

Teilschritt: Motive untersuchen (→ 2. Teilaufgabe)

Motive spiegeln Grunderfahrungen (Liebe, Ängste, Sehnsüchte, usw.) der Menschen wider. Sie sind für die Aussage eines Gedichts von zentraler Bedeutung und werden häufig wiederholt oder variiert.

Motiv(e)

- Welche(s) Motiv(e) kommt/kommen in dem Gedicht vor?
- An welcher Stelle des Geschehens kommt es / kommen sie vor?
- Gibt es Variationen oder Wiederholungen?

Stellen Sie fest, welches Motiv / welche Motive das Gedicht aufweist und erläutern Sie seine/ihre Bedeutung für die Aussage des Gedichts.

Heimat / Sehnsucht nach der Heimat
Auch wenn die Menschen zu Heines Zeit gerne reisten, kehrten sie nahezu immer in die Heimat zurück. Ihre nachbarschaftlichen Beziehungen, ihr gesamtes soziales Umfeld und der geografische Raum ihrer Herkunft gaben ihnen ein Gefühl von Vertrautheit und Sicherheit. Hinzu kam die vertraute Sprache, die die Zugehörigkeit zu diesem Land, zu dieser Gemeinschaft unterstrich. Menschen, die (unfreiwillig) im Exil lebten oder leben mussten, empfanden das als wesentlichen Verlust ihrer Identität. Für einen Dichter ergab sich ein weiteres Problem: Wenn er in seiner Muttersprache dichtete, verstanden ihn die Menschen in einem fremden Umfeld kaum. Sein (Lese-)Publikum waren die Menschen in seinem „Vaterland“. Das lyrische Ich bringt diesen Zusammenhang in den letzten Versen der dritten und vierten Strophe zum Ausdruck.

Teilschritt: Analyse der textüberschreitenden Aspekte (→ 3. Teilaufgabe)

Um zu einem umfassenden Verständnis zu gelangen, sollten Sie die Biografie des Dichters und die Zeitumstände einbeziehen. Dabei sollten Sie nur die Informationen zusammentragen, die für den konkreten Zusammenhang von Bedeutung sind.

Der Autor und die Zeitumstände

Als Heine 1843 dieses Gedicht schrieb, lebte er schon über 10 Jahre im Exil in Paris. Er hatte Deutschland verlassen müssen, weil er sich als oppositioneller Dichter gegen die Herrschenden ausgesprochen hatte. Viele Dichter wurden zensiert oder – wie auch Heine selbst – einem Publikationsverbot unterworfen. Nach 1840 regte sich in Deutschland erneut Widerstand gegen die Regierungen. Mit fortschrittlich denkenden Philosophen und Politikern, die ebenfalls nach Paris ausgewandert waren, erörterte Heine, welche politischen Ziele anzustreben seien. Heines Programm war radikaler als das seiner Kollegen in Deutschland. Kunst und insbesondere die Literatur erhielten einen politischen Auftrag: Sie sollten an der Umgestaltung der Gesellschaft mitwirken, indem sie das Lesepublikum über die Missstände aufklärten und zu Aktivitäten aufriefen. Als er 1843 zu seiner todkranken Mutter nach Hamburg reisen wollte, musste Heine um eine Einreisegenehmigung ersuchen, weil er polizeilich gesucht wurde. Er nutzte seine Reise durch sein Heimatland, um sein „Programm" in dem ein Jahr später erschienenen „versifizierten Reisebild" „Deutschland – ein Wintermärchen" seinem deutschen Publikum vorzustellen. In der zweiten und dritten Strophe spricht das lyrische Ich von seinen Gefühlen:

Und als ich an die Grenze kam,
Da fühlt ich ein stärkeres Klopfen
In meiner Brust, ich glaube sogar
Die Augen begunnen zu tropfen.

Und als ich die deutsche Sprache vernahm,
Da ward mir seltsam zumute;
Ich meinte nicht anders, als ob das Herz
Recht angenehm verblute.

Teilschritt: Analyse des Vergleichsgedichtes von Ute Zydek (→ 2. Aufgabe)

Nachdem Sie das Gedicht Heines erschlossen haben, wiederholen Sie den Vorgang für das Gedicht von Ute Zydek. Sie können unter zwei Vorgehensweisen auswählen:

Die vergleichende Analyse von Gedichten

- **Diachroner Vergleich:** Sie analysieren und interpretieren das erste Gedicht unter den in der Aufgabenstellung genannten Aspekten. Danach stellen Sie vergleichend Beziehungen (Gemeinsamkeiten und vor allem Unterschiede) zum zweiten Gedicht her.
- **Synchroner Vergleich:** Sie entscheiden sich vorab für Vergleichsaspekte, die beide Gedichte verbinden, und vergleichen sie miteinander. Abschließend fassen Sie die Ergebnisse zusammen.

Teilschritt: Inhalt sichern (→ 1. Teilaufgabe)

Lesen Sie jetzt das zweite Gedicht sorgfältig durch. Gehen Sie dabei in der Ihnen bereits bekannten Reihenfolge vor. Beachten Sie, dass Sie (nur noch) vergleichende Bezüge herstellen müssen.

In dem Gedicht von 1981 schildert die Sprecherin / der Sprecher ihre/seine selten positiven, aber häufiger negativen Erfahrungen ihrer/seiner seit Jahrzehnten andauernden Flucht. Am Ende gelangt sie/er zu dem Fazit, dass sie/er keine Heimat gefunden hat.

Teilschritt: Analyse der Sprecherin / des Sprechers (→ 1. Teilaufgabe)

Untersuchen Sie nunmehr die Situation der Sprecherin/des Sprechers.

Nach der Schilderung der unterschiedlichen Erfahrungen während der Flucht konstatiert sie/er nach einer reflexiven Pause (Entgegensetzung), dass sie/er „eine Heimat nicht gefunden" hat. Am Ende einer langen, vergeblichen Suche hat sich der Wunsch nach einer Heimat nicht erfüllt. Diese Feststellung klingt resignativ.

Teilschritt: Gedankenführung und Struktur erschließen (→ 1. Teilaufgabe)

Analysieren Sie das Gedicht Zydeks weiter, indem Sie nach (ergiebigen) Vergleichskriterien suchen.

Geschehen
Auflistung von (sich wiederholenden) Fluchterfahrungen, die in ein abschließendes Resümee münden → Erfahrungen in der Fremde als Parallele zu Heine
Aufbau des Gedichts
2 Strophen, erste Strophe mit 10 Versen, zweite Strophe mit zwei Versen → Differenz zu Heine
Rückblick in der ersten Strophe und (Kürzest-)Zusammenfassung im Schlusssatz der zweiten Strophe
Aufzählung unterschiedlicher eigener Aktivitäten und verschiedener Reaktionen der Umwelt
Zusammenhang zwischen Geschehnissen und Aufbau
Zäsur nach der langen aktionsreichen ersten Strophe zum ausschließlich lakonischen Schlusssatz
Zeit- und Raumstruktur
Das Geschehen im Gedicht erstreckt sich über Jahrzehnte und umfasst weite Räume („Landschaften"). → Differenz zu Weg des lyrischen Ichs vom „Vaterland" zum „Seinestrand" bei Heine
Titel und Inhalt
Der Titel wird im Schlusssatz wiederholt und wird so zur Vorausdeutung.

Teilschritt: Analyse der lyrischen Form (→ 2. Teilaufgabe)

Setzen Sie Ihre Erschließung mit der Analyse der lyrischen Form fort.

Strophenform
Zwei reimlose Strophen mit unterschiedlicher Anzahl der Verse (Erlebnislyrik) → Differenz zu Heine
Metrum
Das Erzählgedicht kommt ohne ein Metrum aus. → Differenz zu Heine
Wortwahl
Standardsprache; Gebrauch vieler Partizipien (Partizip II), häufiger Präpositionen und Partikel
Satzbau
Überwiegend Ellipsen und kurze Sätze ohne Interpunktion
Rhetorische Figuren / Bildhaftigkeit
Aufzählung und Wiederholung → Unterschied zur stärker von Metaphern geprägten Sprache Heines
Die zahlreichen Versuche, eine Heimat zu finden, werden mit leicht verständlichen, nahe am alltäglichen Sprachgebrauch liegenden Metaphern („an Türen gepocht", „streunend weitergezogen") anschaulich beschrieben.

Teilschritt: Motive untersuchen (→ 2. Teilaufgabe)

Stellen Sie fest, wie das lyrische Ich in dem Gedicht Zydeks mit dem Motiv „Heimat" umgeht.

Heimat / Sehnsucht nach der Heimat
Seit jeher sind Menschen auf der Flucht. Sie verlassen ihre angestammte Heimat aus verschiedenen Gründen, in der Regel trägt sie jedoch die Hoffnung auf ein besseres Leben in einem anderen Land. Die Fluchtgeschichte, die das lyrische Ich im Gedicht von Zydek in knappen Worten schildert, findet kein glückliches Ende, die ersehnte (neue) „Heimat" bleibt trotz langen Suchens unerreichbar. Die Erfahrungen der Sprecherin/des Sprechers könnten sich in jüngster Zeit des Öfteren wiederholen. Im Gegensatz zu Heines lyrischem Ich findet der Sprecher bei Zydek keine neuen Freunde, die den Verlust der Heimat zumindest teilweise kompensieren könnten. Am Ende bleibt offen, ob die Sprecherin/der Sprecher weiter nach diesem Ort suchen oder aber resignierend aufgeben wird.

Teilschritt: Analyse der textüberschreitenden Aspekte (→ 3. Teilaufgabe)

Um zu einem umfassenden Verständnis des Gedichts zu gelangen, sollten Sie die Biografie der Dichterin und die Zeitumstände berücksichtigen. Dabei sollten Sie nur die Informationen zusammentragen, die für das Verstehen des Gedichts notwendig sind.

Die Autorin und die Zeitumstände
Ute Zydek wurde 1941 geboren und arbeitete als Verlagslektorin. Sie hat zahlreiche Gedichte verfasst, in denen sie die Probleme von Menschen in Not oder auf der Flucht schildert.

1. → 2. → **3. Thesen zur Textdeutung formulieren** → 4. → 5. → 6.

Teilschritt: Analyseergebnisse ordnen (→ 2. Teilaufgabe)

Ordnen Sie Ihre Analyseergebnisse, indem Sie stichwortartig die Tabelle ergänzen.

	„Lebensfahrt"	*„Eine Heimat nicht gefunden"*
Thema/Motiv	Sehnsucht nach der Heimat	
Gedichtform	Lied	Erlebnislyrik
Strophengliederung		2 Strophen, 10 Verse bzw. 2 Verse
Inhalt 1. Strophe	Rückblick	
Inhalt 2. Strophe	Rückblick/Exil	
Inhalt 3. Strophe	Neue Freunde, aber Sehnsucht nach der Heimat	–
Inhalt 4. Strophe	Neue Aufgaben, aber Sehnsucht nach der Heimat	–
Analyse der Sprecherin / des Sprechers oder des lyrischen Ichs	Lyrisches Ich	Sprecherin/Sprecher
Wortwahl		
Rhetorische Figuren		
Literarische Epoche		
Weitere textüberschreitende Aspekte		

Teilschritt: Deutungshypothesen formulieren (→ 2. Teilaufgabe)

Nachdem Sie die Gedichte unter verschiedenen Aspekten untersucht haben, dürfte es Ihnen nicht mehr schwer fallen, abschließend für die beiden Gedichte Deutungsthesen zu formulieren. Sie dürfen sich nicht ausschließlich auf einen Aspekt der Gedichte beziehen. Sie sollen vielmehr Ihr umfassendes Verständnis der Gedichte belegen.

Heinrich Heine: Das lyrische Ich ist durch die veränderten politischen Umstände in eine dichterische Krise geraten und hat zudem seine Freunde (Dichterkollegen) verloren – verdeutlicht im Bild des gekenterten Bootes. Es selbst hat sich aber retten und neue Freunde finden können (Weiterfahrt auf einem neuen Schiff). Allerdings vermisst es schmerzhaft die Heimat.
Ute Zydek: Die Sprecherin / der Sprecher ist seit Jahrzehnten auf der Flucht und hat sich immer wieder erfolglos bemüht, eine neue Heimat zu finden.

Teilschritt: Vergleichsthese formulieren (→ 2. Teilaufgabe)

Prüfen Sie die nachfolgende Liste mit Anregungen für einen Vergleich. Welche davon halten Sie für ergiebig?

- Welches Motiv / welche Motive bestimmen die Gedichte?
- Welche Erfahrungen machen das lyrische Ich / die Sprecherin / der Sprecher?
- Lassen sich die Reaktionen der (fremden) Menschen vergleichen?
- Welche Gemeinsamkeiten/Unterschiede lassen sich hinsichtlich der Form entdecken?
- Bieten die textüberschreitenden Aspekte Hilfen für das Verständnis der Gedichte?
- Inwiefern sind die Biografien des Autors und der Autorin vergleichbar?

Formulieren Sie abschließend eine Vergleichsthese aufgrund Ihrer Analyseergebnisse.

Heimat / Sehnsucht nach der Heimat
Beide Verfasser haben ihre Heimat verlassen (müssen). Auf der Suche nach einer neuen Heimat machen sie unterschiedliche Erfahrungen. Beiden gemeinsam ist der Wunsch, (wieder) in einer/der Heimat anzukommen.

1. → 2. → 3. → **4. Gliederung erstellen** → 5. → 6.

Bevor Sie mit der Ausformulierung Ihres Aufsatzes beginnen, erstellen Sie einen Schreibplan bzw. eine Gliederung zur persönlichen Orientierung während des Schreibens. Halten Sie sich, wenn die Aufgabenstellung nichts anderes vorsieht, an die bewährte Aufteilung in **Einleitung**, **Hauptteil** und **Schluss**.

Prüfen Sie die folgende Gliederung und ergänzen Sie sie gegebenenfalls.

Einleitung
Einleitungs- und Übersichtssatz: Titel, Autoren, Textsorte, Entstehungszeit, Hinweise zum Vergleich
Hauptteil:
1. Teilaufgabe:
Analyse von Heinrich Heines Gedicht unter Berücksichtigung von biografischen Daten
2. Teilaufgabe:
a) Analyse von Ute Zydeks Gedicht
b) Vergleich der beiden Gedichte nach ergiebigen Kriterien
c) Aktualisierung: Bedeutung von „Heimat" heute (z. B. Hinweis auf Rede des Bundespräsidenten zum „Tag der deutschen Einheit" am 3. Oktober 2017 oder die aktuellen Migrationsbewegungen)
Schluss:
Zusammenfassung der Ergebnisse
persönliche Einschätzung

Überprüfen Sie abschließend noch einmal Ihre Gliederung auf Stimmigkeit und Folgerichtigkeit. Modifizieren Sie gegebenenfalls Ihre Gliederung.

1. → 2. → 3. → 4. → **5. Klausur schreiben** → 6.

Formulieren Sie Ihre Gedanken wie in der Gliederung festgelegt. Bemühen Sie sich um **gedankliche Genauigkeit** und Schlüssigkeit Ihrer Ausführungen und um eine angemessene Art der Darstellung. Zeigen Sie, dass Sie die Gedichte genau gelesen haben. Fügen Sie dazu gezielt (und korrekt!) **Zitate** ein. Zu lange Zitate wecken jedoch den Verdacht, dass Sie den Text nicht richtig verstanden haben oder nicht in der Lage sind, **selbstständig** zu **formulieren**.

Schreiben Sie nun auf der Grundlage Ihrer bisherigen Planung die Klausur. Nutzen Sie dabei die folgenden Hinweise.

Hinweise zur Gestaltung der Einleitung

Eine Einleitung enthält die in der Gliederung genannten Informationen. Um gut und ohne größeren Zeitverlust in den Aufsatz hineinzufinden, prägen Sie sich am besten einige Standardformulierungen ein (z. B. „In dem 1843 … entstandenen/veröffentlichten … Gedicht …wird gezeigt …, wie/dass …").
Achten Sie auf einen „roten Faden", der den Zusammenhang Ihrer Ausführungen deutlich macht und zu einer in sich geschlossenen Argumentation führt.

Hinweise zur Gestaltung der Textübergänge

Auch wenn die Teilaufgaben in sich geschlossen sind, sollten Sie eine strikte Trennung vermeiden, indem Sie flüssige Überleitungen zwischen den Klausurteilen formulieren.

- Das in den ersten Abschnitten Dargestellte kann Grundlage sein für Fragen, die Sie dann im nachfolgenden Klausurteil aufgreifen bzw. beantworten.
- Vorher behandelte Inhalte können im nachfolgenden Klausurteil in einem anderen (ggf.) übergeordneten Zusammenhang dargestellt werden (z. B.: „Die Bedeutung der Heimat wird auch …", „auch im zweiten Gedicht wird deutlich, dass …").

Hinweise zur Gestaltung des Schlusses

Der Abschluss eines Aufsatzes ist so wichtig wie eine motivierende Einleitung. Mit Ihren letzten Sätzen können Sie den Leser abschließend überzeugen. So können Sie einen prägnanten Schluss gestalten:

- Sie fassen Ihre Analyse zusammen und heben die wichtigsten Ergebnisse hervor.
- Sie kommen auf Ihre Vergleichsthese der Einleitung bzw. des Hauptteils zurück und überprüfen diese. Entweder bestätigen, widerlegen oder variieren Sie sie (jeweils mit kurzer Begründung).
- Sie beurteilen den Inhalt, die (ästhetische) Gestaltung des Gedichts. Dies empfiehlt sich aber nur, wenn Sie Ihre Meinung auch überzeugend vertreten bzw. begründen können. Reine Geschmacksurteile sollten vermieden werden.
- Sie gehen darauf ein, was der Text für Sie persönlich oder für Ihre Gegenwart bedeutet. Dies sollte jedoch über eine reine Aktualitätsfeststellung hinausgehen.

Einleitung:
Menschen verlassen aus unterschiedlichen Gründen seit Jahrtausenden ihre Heimat. Viele von ihnen finden in einem zunächst (fremden) Land eine neue Bleibe, lernen eine neue Sprache und schließen nach und nach Freundschaft mit den neuen Nachbarn. Sie werden heimisch in der neuen Umgebung und gewinnen zumindest teilweise eine neue kulturelle Identität. Andere jedoch scheitern auf der Suche nach der neuen Heimat. Ihnen bleibt oft nur die Sehnsucht nach der alten Heimat. Von diesen Erfahrungen ist sowohl in Heinrich Heines 1843 entstandenem Gedicht „Lebensfahrt" als auch in dem 1981 von Ute Zydek verfassten Gedicht „Eine Heimat nicht gefunden" die Rede. Heine lässt sein lyrisches Ich in seinem Lied zwei wesentliche Abschnitte seines Lebens schildern und zu dem Fazit gelangen, dass es seine Heimat sehr vermisst. Ute Zydeks Sprecherin/Sprecher empfindet in ihrem Gedicht „Eine Heimat nicht gefunden" ähnlich, denn auf der Flucht sind ihr/ihm zwar (vorübergehende) Hilfen und Unterstützung angeboten worden, aber ihr/sein Wunsch nach einer (dauerhaften) neuen Heimat ist nicht in Erfüllung gegangen. Es geht in beiden Gedichten um die Grunderfahrung „Sehnsucht nach der Heimat", die das Denken und die Gefühle des lyrischen Ichs bzw. der Sprecherin / des Sprechers beherrschen. Der nachfolgende Vergleich wird die Gemeinsamkeiten und Unterschiede hinsichtlich der Heimatgefühle in den beiden Gedichten herausarbeiten.

Hauptteil:
1. Teilaufgabe
Das lyrische Ich Heines sitzt mit anderen Passagieren, die es als „liebe Freunde"(V. 4; vgl. auch V. 6) bezeichnet, in einem Kahn. Sie genießen die Kahnfahrt in Deutschland in einer ausgelassenen Stimmung. Doch der Kahn kentert und bis auf das lyrische Ich gehen seine Freunde unter. Das lyrische Ich findet sich in Paris wieder, wo es mit neuen „Genossen" (V. 10) ein neues Schiff besteigt. Auf der Seine fühlt es sich fremd, weil es die Heimat so sehr vermisst, dass sein Herz schmerzt. Obgleich wieder Heiterkeit auf dem Schiff herrscht, verhindert das stürmische Wetter, dass das lyrische Ich sich wohlfühlt. Das Naturschauspiel des verlöschenden Sterns am Himmel lässt das lyrische Ich noch stärkere Schmerzen empfinden, weil es fern der Heimat ist.
Heinrich Heine lässt das lyrische Ich Stationen seiner eigenen Biografie schildern. Das Gedicht „Lebensfahrt" verweist auf das Auf und Ab im Lebenslauf des Dichters. Die erste Strophe zeigt ihn in Deutschland, wo er mit (gleichgesinnten) Schriftstellern („Freunden") seinen künstlerischen Ambitionen, spätromantischen Themen, nachgeht. Sie scheitern jedoch mit ihren Werken an den herrschenden politischen Verhältnissen. Die Zensur und die drastischen Einschränkungen der Presse-, Vereins- und Versammlungsfreiheit sorgen dafür, dass die Mitglieder der „Kahn-Gesellschaft", Heines Schriftstellerkollegen des „Jungen Deutschland", nicht mehr im „Vaterland" (V. 7) publizieren dürfen. Heine entzieht sich der Verhaftung und flüchtet ins Exil nach Paris. Dort passt er seine lyrische Ausdrucksweise („ein neues Schiff bestiegen", V. 9) den veränderten Bedingungen an, nachdem er sich mit Philosophen und Politikern („Genossen", V. 10) über die aktuellen „Aufgaben der Kunst" ausgetauscht hat. Obwohl er in ihnen Verbündete gefunden hat, bleibt ihm seine Umgebung fremd („fremde Fluten", V. 11). Ohne seine Heimat und sein angestammtes Lesepublikum empfindet er große Schmerzen. Zwar findet er wieder Gefallen an seiner schriftstellerischen Tätigkeit („Und das ist wieder ein Singen und Lachen", V. 13), aber die neuen (politischen) Umstände („Es pfeift der Wind, die Planken krachen –", V. 14) zwingen ihn, seine alte (romantische) Schreibweise („Am Himmel erlischt der letzte Stern –", V. 15) endgültig aufzugeben. Der Verlust des „Vaterlandes" (V. 7) schmerzt ihn sehr und die Sehnsucht nach „Heimat" (V. 12 und 16) vergrößert sich.
Heine betrachtete sich immer zuallererst als Künstler. Trotz der empfundenen Verpflichtung der Kunst, für politische Veränderungen zu kämpfen, verfolgte er seine Vorstellungen, Werke zu

verfassen, die seinen künstlerischen Ansprüchen gerecht wurden. Die Umsetzung dieser Ziele lässt sich auch im vorliegenden Gedicht nachvollziehen.
Das Gedicht (Lied) besteht aus vier Strophen mit jeweils vier Versen, die alle einen Paarreim (a a b b) und den Wechsel von weiblichen und männlichen Kadenzen (w w m m) aufweisen. In den ersten drei Strophen sorgen die häufigen Enjambements für ein schnelleres Tempo, während am Ende der vorletzten und in der letzten Strophe durch die Interpunktion das Tempo deutlich verlangsamt wird. Nach den ersten beiden Strophen folgt eine Zäsur, Heine wechselt vom Jambus zum Daktylus und vom Präteritum ins Präsens. Auf diese Weise unterstützt seine Schreibweise die Darstellung des Wechsels in seinem Leben.
Auffällig ist, dass Heine sehr viele Formulierungen benutzt, die in der Tradition der Romantik stehen (vgl. V. 1–4; V. 12; V. 13; V. 15/16). Damit unterstreicht er den Gegensatz zwischen seiner ursprünglichen und seiner neuen Schreibweise. Diese Funktion erfüllen auch die zahlreichen Adjektiv-Substantiv-Kopplungen, die aber auch zugleich seine künstlerische Überlegenheit gegenüber seinen alten „Freunden" herausstellen.
Heines metaphorischer und bildhafter Sprachgebrauch („Kahn", V. 3; „Sinn", V. 4; „Schwimmer", V. 6; ...) verleiht seiner Darstellung eine hohe Anschaulichkeit und bessere Nachvollziehbarkeit.
Die ähnlich einem Chiasmus angelegten Wiederholungen in den letzten Versen der dritten und vierten Strophe betonen nachdrücklich die ambivalenten Gefühle des Dichters.
Zeit seines Lebens bekannte sich Heine zu seinem „Vaterland" Deutschland. Obwohl er die herrschenden Verhältnisse verurteilte, hoffte er darauf, dass seine Heimat in den sich abzeichnenden politischen Veränderungen eine fortschrittliche Position einnehmen und die Vorreiterrolle in Europa übernehmen würde. Deshalb wünschte er, seinem (deutschen) Publikum näher zu sein und es mit seinen (literarischen) Möglichkeiten im (politischen) Kampf zu unterstützen. Von seinem Pariser Exil aus war das zwar möglich, aber er konnte die Entwicklung in Deutschland nur von „außen" beobachten. Sein französisches Publikum interessierte sich nur bedingt für die deutschen Probleme und verstand die deutsche Sprache nur selten. Heine dichtete viel lieber in seiner Muttersprache und für sein deutsches Publikum, weil er um die kulturellen und gesellschaftlichen Besonderheiten in Deutschland wusste. Aus diesen Gründen fürchtete er den Identitätsverlust und sehnte er sich in seine deutsche Heimat zurück. Im letzten Satz der dritten und vierten Strophe kulminieren diese Gefühle. Wie sehr diese Sehnsucht nach seiner Heimat Heine beschäftigte, hat er 1844 – also ein Jahr nach der Entstehung des Gedichts „Lebensfahrt" – in seinem „versifizierten Reisebild" „Deutschland – ein Wintermärchen" zum Ausdruck gebracht. Er schrieb über seine Reise zu seiner todkranken Mutter nach Hamburg, dass er geweint habe, als er sich der Grenze in Aachen näherte. Und die nächste Strophe erinnert sehr stark an die Formulierungen in seinem Gedicht „Lebensfahrt", weil er das Gefühl hatte, dass sein Herz „verblutet", als er die deutsche Sprache vernahm.

2. Teilaufgabe

Ute Zydeks Sprecherin/Sprecher teilt in ihrem Gedicht aus dem Jahr 1981 „Eine Heimat nicht gefunden" mit Heines lyrischem Ich die Suche nach der „Heimat" (V. 12). Sie/er ist aus ihrer/seiner Heimat geflohen und hat Jahrzehnte damit zugebracht, eine neue Heimat zu finden. Sie/er zählt ihre/seine zahlreichen Aktivitäten auf, die sie/er unternommen hat, um dem Ziel näher zu kommen. Nur zwei Reaktionen der Menschen in diesen (vorübergehenden) Gast-Ländern erwähnt die Sprecherin / der Sprecher: Die/der Heimat-Suchende wird „abgewiesen" oder erhält vorübergehend Obdach in Herbergen (V. 9). Die Wortwahl weckt hier Assoziationen an die in der Bibel geschilderte mühsame Suche von Maria und Josef nach einer Unterkunft, in der Maria ihren Sohn zur Welt bringen konnte. Darüber hinaus erhält der/die Suchende (hinreichend) Nahrung und „Gnade" (ein bisschen Mitleid). Auch dies ein Begriff, der an die Formulierungen in der Bibel erinnert. Aber das ist alles. Das Fazit, das schon in der Überschrift deutlich wird, lautet dann: „eine Heimat nicht gefunden".

Das Gedicht (Erlebnislyrik) besteht aus zwei reimlosen Strophen, die auch kein regelmäßiges Metrum aufweisen. Die erste Strophe umfasst 10 Verse, die zweite dagegen nur zwei. Die erste Strophe beschreibt relativ umfassend die Bemühungen der Sprecherin / des Sprechers, die zweite Strophe lakonisch ihre/seine Erfahrung: Die Suche nach einer neuen Heimat war vergebens.
Das in der Standardsprache formulierte Gedicht wird geprägt durch den Gebrauch von vielen Partizipien und häufigen Präpositionen sowie Partikeln. Es kommt mit Ellipsen und kurzen Sätzen ohne jegliche Interpunktion aus. Auch der Einsatz von rhetorischen Figuren ist äußerst sparsam. Die Autorin greift lediglich auf Parallelismus, Aufzählung und Wiederholung zurück. Der nüchterne, lakonische Ton verstärkt die Eindringlichkeit der Aussagen.
Während Heines lyrisches Ich im Exil wenigstens neue Freunde („Genossen") findet, gerät Zydeks Sprecherin/Sprecher in eine absolute Isolation, die sie/ihn dazu zwingt, weiter nach einem Ort zu suchen, der ihr/ihm eine neue Heimat bieten und den Verlust der alten Heimat kompensieren könnte.

Schluss:
Heinrich Heine schrieb sein Gedicht vor 175 Jahren und Ute Zydeks Gedicht ist fast 40 Jahre alt. Heute zeigt sich, dass die von ihnen formulierten Erfahrungen und ausgesprochenen Warnungen oder „Forderungen" immer noch aktuell sind. Menschen suchen nach Orientierung, sehnen sich nach Bekannten und Bekanntem, nach Verbindungen im sozialen Umfeld und nach einer Sprache, mit der sie sich verständigen können. Eine neue „Heimat" kann ihnen dies bieten und zumindest einen Teil der Sehnsucht stillen. Trotz ihrer unterschiedlichen Schreibweisen betonen beide Autoren, dass den Entwurzelten Möglichkeiten geboten werden sollten, „heimisch" zu werden, damit sie sich an ihrem neuen Wohnort wohlfühlen können oder ihre Hoffnungen darauf nicht resignierend aufgeben müssen, wie es jeweils die beiden letzten Verse in den Gedichten nahe legen.

1. → **2.** → **3.** → **4.** → **5.** →

6. Klausur überarbeiten

Teilen Sie sich Ihre Zeit so ein, dass Sie Ihre Klausur am Schluss noch einmal gründlich überarbeiten können. Bedenken Sie dabei, dass die Darstellungsleistung in der Regel mit ca. 25 % in die Bewertung eingeht. Versuchen Sie, Ihren Aufsatz mit den Augen eines fremden Lesers zu sehen und ihn aus der Distanz zu betrachten. Orientieren Sie sich bei der Überarbeitung Ihrer Klausur auch an den Hinweisen auf den Seiten 29 und 41.

Musterklausur 2: Analyse eines lyrischen Textes

Theodor Fontane: Unterwegs und wieder daheim

4 [Ich bin hinauf, hinab gezogen]

Ich bin hinauf, hinab gezogen
Und suchte Glück und sucht' es weit;
Es hat mein Suchen mich betrogen,
Und was ich fand, war Einsamkeit.

Ich hörte, wie das Leben lärmte,
Ich sah sein tausendfarbig Licht,
Es war kein Licht, das mich erwärmte,
Und echtes Leben war es nicht.

Und endlich bin ich heimgegangen
Zu alter Stell' und alter Lieb',
Und von mir ab fiel das Verlangen,
Das einst mich in die Ferne trieb.

Die Welt, die fremde, lohnt mit Kränkung,
Was sich, umwerbend, ihr gesellt[1];
Das Haus, die Heimat, die Beschränkung,
Die sind das Glück und sind die Welt.
(entstanden 1857, Erstveröffentlichung 1875)

Worterklärung: 1 sich gesellen sich (an)nähern

Aus: Fontane, Theodor: *Gedichte 1. Gedichte (Sammlung 1898) Aus den Sammlungen ausgeschiedene Gedichte.* Herausgegeben von Joachim Krueger und Anita Golz. Berlin: Aufbau-Verlag ² 1995, S. 21 f.

Aufgabenstellung:

1. Analysieren Sie das Gedicht „Ich bin hinauf, hinab gezogen" von Theodor Fontane. Berücksichtigen Sie dabei zentrale formale und sprachliche Elemente. *(42 Punkte)*
2. Die (wenigen) Lyriker unter den Vertretern des Realismus greifen häufig auf Schreibweisen der Spätromantik und des Biedermeier zurück. Stellen Sie kurz die Merkmale der Lyrik dieser beiden Epochen dar und prüfen Sie, ob und inwiefern diese Einflüsse in Fontanes Gedicht sichtbar werden. *(30 Punkte)*

1. Erstes Überfliegen des Textes – Aufgabenstellung erfassen	→	2.	→	3.	→	4.	→	5.	→	6.

Überfliegen Sie das Gedicht. Halten Sie Ihr erstes Textverständnis stichwortartig fest. Beantworten Sie dazu die folgenden Fragen:

Wer spricht	►	Sprecher, lyrisches Ich
zu wem	►	Adressat, lyrisches Du, …
in welcher Situation	►	Ort und Zeit des Geschehens (Rahmenbedingungen)
worüber	►	Thema/Motiv, Gefühle, …
wie	►	sprachliche und formale Gestaltungsmittel
wozu?	►	Botschaft

Formulieren Sie nunmehr Ihre vorläufige Verstehenshypothese.

Das lyrische Ich sucht in der Fremde sein Glück zu finden. Nach mehrfacher Enttäuschung kehrt es in die Heimat zurück, wo seine Glückserwartungen erfüllt werden.

Lesen Sie nun die **Aufgabenstellung** genau durch. Achten Sie vor allem auf die Arbeitsanweisungen (Operatoren). Überlegen Sie sich, wie Sie die Aufgaben lösen wollen.
Das vorliegende Aufgabenformat besteht aus drei Teilaufgaben. Die **ersten beiden Teilaufgaben** hängen inhaltlich/thematisch eng zusammen, was Sie bei Ihrem weiteren Vorgehen unbedingt beachten sollten. Die **dritte Teilaufgabe** (textüberschreitende Aspekte) erfordert von Ihnen Kenntnisse über die Epochen der Spätromantik, des Biedermeier und des Realismus. Bei einer solchen Aufgabe sollen Sie die epochalen Zusammenhänge und die vorherrschenden Schreibweisen untersuchen und für die Interpretation nutzen. Beachten Sie dabei, dass zu einer Gedichtinterpretation immer die Analyse des Zusammenwirkens des Inhalts und der sprachlich-formalen Elemente gehört.

1.	→	**2. Text aspektorientiert erschließen**	→	3.	→	4.	→	5.	→	6.

Teilschritt: Inhalt sichern (→ 1. Teilaufgabe)

Lesen Sie sich das Gedicht Theodor Fontanes jetzt sorgfältig durch. Lassen Sie es zunächst auf sich wirken und erschließen Sie dann den Inhalt durch die folgende Vorgehensweise:
- Markieren Sie die **Schlüsselwörter** im Text, indem Sie eine **semantische Kartografie** (Vernetzung) durchführen.
- Fügen Sie **Randnotizen** hinzu.
- Fassen Sie den Inhalt der Strophen zusammen und formulieren Sie für jede Strophe eine **Zwischenüberschrift**.

Das Vorgehen bietet folgende Vorteile:

- **Inhaltsübersichten bieten einen Überblick über das Geschehen.**
- **Sie ermöglichen bei der Suche nach Textbelegen/Zitaten eine schnelle Orientierung.**
- **Sie enthalten Formulierungen, die Sie direkt übernehmen und mit Ihren eigenen Erschließungsergebnissen verknüpfen können.**

Fassen Sie Ihre ersten Eindrücke und den Inhalt der vier Strophen kurz mit eigenen Worten zusammen.

Ihre ersten Eindrücke sollten sich auf folgende Aspekte beziehen:
- Autor und Entstehungszeit
- inhaltliche Aspekte (Verhältnis von Überschrift und Text, Themen und Gegenstände, Motive, …)
- formale und stilistische Auffälligkeiten
- weitere auffällige Besonderheiten (z. B. der leicht stockende Rhythmus infolge des Satzbaus)

Kurze Übersicht über den Inhalt der einzelnen Strophen:
1. Strophe: Beschreibung der Ausgangslage: Das lyrische Ich hat seine Heimat verlassen, um in der Fremde sein Glück zu finden. Dabei ist es enttäuscht worden.
2. Strophe: Seine Erfahrungen in der Fremde entsprachen nicht seinen Vorstellungen und Erwartungen, weil das „echte" Leben sich nicht finden ließ.
3. Strophe: Es entschließt sich heimzukehren, die Sehnsucht nach der Ferne fällt von ihm ab. Es findet zu seiner inneren Ruhe zurück.
4. Strophe: Das lyrische Ich formuliert seine Erkenntnisse: Das Glück liegt in „Heimat" und „Beschränkung".

Teilschritt: Genauere Analyse des lyrischen Ichs (→ 1. Teilaufgabe)

Eine besondere Bedeutung kommt dem fiktiven Sprecher des Gedichts zu. Sehr häufig handelt es sich um ein lyrisches Ich, das sein Verhalten im Text erläutert, das Geschehen schildert und kommentiert sowie Reflexionen dazu anstellt.

Eine Übersicht über die möglichen Untersuchungsaspekte zur genaueren Analyse des lyrischen Ichs/des Sprechers finden Sie weiter oben auf S. 5.

Ich bin hinauf, hinab gezogen

Ich bin hinauf, hinab gezogen	Lyrisches Ich / Bewegung von oben nach unten
Und suchte **Glück** und sucht' es weit;	sein Bemühen und sein Anspruch
Es hat mein Suchen mich betrogen,	Scheitern des eigenen Bemühens
Und was ich fand, war Einsamkeit.	Ergebnis der Suche
Ich hörte, wie das Leben lärmte,	das lyrische Ich nimmt das „Leben" auditiv wahr
Ich sah sein tausendfarbig Licht;	das lyrische Ich nimmt das „Leben" visuell wahr
Es war kein Licht, das mich erwärmte,	Lyrisches Ich gerät in Opposition zum „Leben"
Und echtes Leben war es nicht.	Enttäuschung

Und endlich bin ich heimgegangen	Reaktion auf die Enttäuschungen
Zu alter Stell' und alter Lieb',	Heimkehr (Ort und soziales Umfeld)
Und von mir ab fiel das Verlangen,	Erleichterung / positive Veränderung / Motiv
Das einst mich in die Ferne trieb.	jetzt Motiv der Vergangenheit / Ort der Enttäuschung
Die Welt, die fremde, lohnt mit Kränkung,	Ort der Enttäuschung / schmerzhafte Erfahrung / Gegensatz zur Erwartung/Hoffnung
Was sich, umwerbend, ihr gesellt;	
~~Das Haus, die Heimat, die Beschränkung,~~	Fazit / Rat des lyrischen Ichs / Einstellung: Werte
~~Die sind das~~ **~~Glück~~** ~~und sind die~~ **Welt**.	innerer Frieden / die „wirkliche", lebenswerte Welt

Teilschritt: Gedankenführung und Struktur erschließen (→ 1. Teilaufgabe)

Neben der Analyse und Deutung des lyrischen Ichs gilt es auch den Aufbau und die Struktur des Gedichts zu erschließen und zu erläutern. Das Strukturmuster wird bestimmt durch die Darstellung des Geschehens, der Figurenkonstellationen sowie der Raum- und Zeitstrukturen.
Eine Anleitung zur Erschließung der Struktur finden Sie auf S.7

Erschließen Sie die fünf Aspekte zum inhaltlichen Aufbau und zur Struktur des Gedichts.

Entwicklung des Geschehens
Beginn: Verlassen der Heimat, um sein Lebensglück zu suchen – Erfahrungen in der „Welt", die nicht den Erwartungen und Hoffnungen entsprechen – Rückkehr in die Heimat lässt das lyrische Ich zu sich selbst zurückfinden – Zusammenfassung der Erfahrungen des lyrischen Ichs und seine Erkenntnis sowie seine daraus resultierende Empfehlung an die Leserin / den Leser

Aufbau des Gedichts
Vier Strophen mit je vier Versen (Lied)
Skizzierung des Auszugs und der Erwartungen des lyrischen Ichs sowie erste Enttäuschung
Wahrnehmung von Facetten des „Lebens" und persönliche Wertung der Wahrnehmungen
Reaktion auf die Enttäuschungen und das Scheitern sowie Aufgabe der Suche
Konkretisierung der Erkenntnisse sowie Formulierung der daraus gezogenen Schlussfolgerungen

Zusammenhang zwischen Geschehnissen und Aufbau
Die ersten drei Strophen weisen die Zeitformen Präteritum/Perfekt auf, die letzte Strophe steht dagegen im Präsens (Formulierung von fortwährend gültigen „Wahrheiten").

Zeit- und Raumstruktur
Das lyrische Ich verlässt die vertraute Umgebung, sucht in der Fremde seinen Lebensentwurf zu verwirklichen und kehrt in die Heimat zurück, in der es sein „Glück" findet.

Titel und Inhalt
Der Titel des Zyklus ist „Unterwegs und wieder daheim", der insgesamt vier Abschnitte umfasst. Im ersten Abschnitt des Zyklus beschreibt das „älter gewordene" lyrische Ich rückblickend seine Reisen durch Deutschland. Im zweiten Abschnitt nennt es in den ersten beiden Strophen die Motive für die Unternehmungslust. Die dritte Strophe enthält die Erkenntnis des lyrischen Ichs, zu sehr typisch deutsche Eigenschaften (Heimatgefühle) zu besitzen und für das Reisen zu alt geworden zu sein. Die für die letzten Lebensjahre verbliebenen Wünsche werden im dritten Abschnitt vorgestellt. Im vorliegenden vierten Abschnitt „Ich bin hinauf, hinab gezogen" stellt das lyrische Ich fest,

dass sein „Verlangen" und seine „Sehnsüchte" nicht gestillt worden sind, so dass es in die Heimat zurückgekehrt ist. In der letzten Strophe formuliert es seine Einsichten und gibt Hinweise, wie und wo das „Glück" zu finden ist.

Teilschritt: Analyse der lyrischen Form (→ 2. Teilaufgabe)

Zu den Ihnen sicherlich bekannten lyrischen Formelementen gehören die Strophenform, der Reim, das Metrum, die Klanggestalt, die Wortwahl und die rhetorischen Figuren, die Bildhaftigkeit, usw. Sie müssen analysiert und erklärt werden, um die Wechselwirkung zwischen Inhalt und Form zu erschließen.

Führen Sie dazu eine Analyse der lyrischen Formelemente und Ausdrucksmittel durch.

Ich bin hinauf, hinab gezogen

Ich bin hinauf, hinab gezogen	a (w)	Antithese / Bild / Perfekt
Und suchte **Glück** und sucht' es weit;	b (m)	Parallelismus / Allegorie / Präteritum / Gegensatz
Es hat mein Suchen mich betrogen,	a (w)	Wiederholung / Perfekt
Und was ich fand, war Einsamkeit.	b (m)	Antithese / Präteritum / Aufzählung
Ich hörte, wie das Leben lärmte,	a (w)	auditive Wahrnehmung / Redewendung / Metapher / Präteritum
Ich sah sein tausendfarbig Licht;	b (m)	visuelle Wahrnehmung / Anapher / Aufzählung / Parallelismus / Neologismus
Es war kein Licht, das mich erwärmte,	a (w)	sensitive Wahrnehmung (Sinneseindrücke) / Synästhesie
Und echtes Leben war es nicht.	b (m)	Adjektiv-Substantiv-Kopplung / Wertung
Und endlich bin ich heimgegangen	a (w)	Wertung / Perfekt
Zu alter Stell' und alter Lieb',	b (m)	Adjektiv-Substantiv-Kopplung / Wiederholung
Und von mir ab fiel das Verlangen,	a (w)	Wiederholung / Präteritum / Inversion
Das einst mich in die Ferne trieb.	b (m)	Zeit / Raum
Die Welt, die fremde, lohnt mit Kränkung,	a (m)	Apposition / Gegensatz: Lohn vs. Kränkung /
Was sich, umwerbend, ihr gesellt;	b (m)	Präsens / Einfügung
Das Haus, die Heimat, die ~~Beschränkung~~,	a (m)	Akkumulation / Steigerung / Widerspruch / Epoche / Fontane
Die sind das **Glück** und sind die **Welt**.	b (m)	Hervorhebung / positive Bewertung / Fontane Epoche des Realismus
(1857)		

Strophenform

Vier Strophen mit jeweils 4 Versen (Lied)

Reim

a b a b Kreuzreim

Enjambements

Lediglich im ersten Satz der ersten und dritten Strophe vorkommend

Metrum
Überwiegend Jamben, selten Daktylus/Kadenzen in der ersten drei Strophen: w m w m, danach ausschließlich männlich
Wortwahl
Häufiger Adjektiv-Substantiv-Kopplungen, negativ konnotierte Formulierungen, bevorzugte Wörter: Welt, Leben, Glück, Suche
Satzbau
Para- und Hypotaxe, selten Appositionen
Tempusformen
Die Strophen eins bis drei weisen die Zeitformen Präteritum und Perfekt auf, die letzte Strophe enthält ausschließlich das Präsens.
Rhetorische Figuren
Wiederholungen, Anapher, Parallelismus, Akkumulation, Metapher

Teilschritt: Motive untersuchen (→ 2. Teilaufgabe)

Analysieren Sie die Motive in dem Gedicht Fontanes.

Reise/Heimat
Zunächst taucht das Reisemotiv auf: „Ich bin hinauf, hinab gezogen". Anlass für den Aufbruch des lyrischen Ichs „in die Ferne" ist der Wunsch/ die Sehnsucht, sein „Glück" zu finden. Auf seiner Reise lernt es das „Leben" in seinen unterschiedlichen (bunten) Facetten kennen. Nachdem es erkannt hat, dass es in der Fremde sein Glück nicht finden kann, kehrt das lyrische Ich in die gewohnte Umgebung (Heimat) zurück und findet wieder zu sich selbst. Aus seinen Erfahrungen schlussfolgert es, dass „das Haus, die Heimat, die Beschränkung" wesentliche Bestandteile seiner Identität sind und seine „Welt" darstellen, in der es leben möchte.

Teilschritt: Analyse der textüberschreitenden Aspekte (→ 3. Teilaufgabe)

Um zu einem umfassenden Verständnis zu gelangen, sollten Sie die Biografie des Dichters und die Zeitumstände einbeziehen. Dabei sollten Sie nur die Informationen zusammentragen, die für den konkreten Zusammenhang von Bedeutung sind.

Der Autor und die Zeitumstände
Fontane veröffentlichte seine Alterslyrik 1895, drei Jahre vor seinem Tod. Der Zyklus, aus dem das Gedicht stammt, trägt den Titel „Unterwegs und wieder daheim". In den ersten beiden Abschnitten erinnert sich das lyrische Ich an seine Jugendzeit („Mit achtzehn Jahr und roten Wangen"). Es zieht durch die weite Welt und genießt dabei das Leben in vollen Zügen. Am Ende des zweiten Abschnitts räumt es ein, für solche Unternehmungen mittlerweile zu alt zu sein. Der dritte Abschnitt beinhaltet wieder die Erinnerungen an die vergangenen Jahre, die geprägt waren durch seine Abenteuerlust und Lebensgier. In den vorliegenden Strophen (4. Abschnitt) reflektiert es seine Erfahrungen, die in den letzten beiden Versen die Einsicht und die „Lehre" zum Ausdruck bringen: „Das Haus, die Heimat, die Beschränkung, / Die sind das Glück und sind die Welt."

Fontane gilt als herausragender Vertreter des Realismus. In dieser Epoche dominierte die Epik, während der Lyrik nur eine geringe Bedeutung zukam. Dies trifft auch auf Fontanes literarische Produktion zu. Seine Gesellschaftsromane (vor allem „Effi Briest") genießen weltweit hohes Ansehen. Im Bereich der Lyrik ist der Autor vor allem durch die von englischen Vorbildern beeinflussten Balladen („Herr von Ribbeck auf Ribbeck im Havelland") bekannt geworden. In seiner Alterslyrik greift er auf die Traditionen der Spätromantik und des Biedermeier zurück. In dieser Spätphase, wenige Jahre vor seinem Tod 1898, geht es ihm um den „Zauber der Form" (briefliche Aussage Fontanes von 1892). Thematisch setzt er sich in seiner Gedanken- und Spruchlyrik überwiegend mit seinen Lebenserfahrungen und dem Tod auseinander.

1. → 2. → **3. Thesen zur Textdeutung formulieren** → 4. → 5. → 6.

Teilschritt: Deutungshypothese formulieren (→ 2. Teilaufgabe)

Nachdem Sie das Gedicht unter verschiedenen Aspekten untersucht haben, dürfte es Ihnen nicht mehr schwer fallen, abschließend eine Deutungshypothese zu formulieren, wobei Sie besonders auf den Zusammenhang von Inhalt, Form und Sprache achten.

In Theodor Fontanes Abschnitt 4 „Ich bin hinauf, hinab gezogen" aus dem Zyklus „Unterwegs und wieder daheim" setzt sich das lyrische Ich mit seinen Erinnerungen an die Suche nach seinem persönlichen Glück in Form von Reisen durch fremde Länder auseinander. Am Ende gelangt es zu der Einsicht, dass das Lebensglück in der engen Verbundenheit zur Heimat und in der Beschränkung auf das vertraute Umfeld liegt. Formale und sprachliche Elemente, die den Kontrast zwischen den unbefriedigenden Erfahrungen in der Fremde und dem häuslichen Glück betonen, dienen ihm zur Verdeutlichung der Aussage.

1. → 2. → 3. → **4. Gliederung erstellen** → 5. → 6.

Bevor Sie mit der Ausformulierung Ihres Aufsatzes beginnen, erstellen Sie einen Schreibplan bzw. eine Gliederung zur persönlichen Orientierung während des Schreibens. Halten Sie sich, wenn die Aufgabenstellung nichts anderes vorsieht, an die bewährte Aufteilung in **Einleitung**, **Hauptteil** und **Schluss**.

Hinweise zur Gestaltung der Einleitung, der Textübergänge und des Schlusses finden Sie auf S. 15.

Prüfen Sie die Gliederung auf der folgenden Seite und ergänzen Sie sie gegebenenfalls.

Einleitung
Einleitungs- und Übersichtssatz: Titel, Autor, Textsorte, Entstehungszeit
Hauptteil:
1. Teilaufgabe:
Interpretation des Gedichts von Fontane unter der Berücksichtigung von zentralen formalen und sprachlichen Elementen
- Inhaltswiedergabe mit eigenen Worten
- Aufbau und Struktur
- Lyrische Form- und Ausdrucksmittel, Sprache
- Deutung

2. Teilaufgabe:
- Kurze Skizzierung der Schreibweisen der Spätromantik und des Biedermeier
- Einordnung des Auszugs aus dem Zyklus Fontanes in den Realismus

Schluss:
Zusammenfassender Überblick über die Entwicklungslinien der Lyrik von der Spätromantik bis zum Realismus

1. → **2.** → **3.** → **4.** → **5. Klausur schreiben** → **6.**

Verfassen Sie nunmehr auf der Grundlage Ihrer Vorarbeiten und Ihrer Gliederung die Klausur.

Einleitung:
Theodor Fontane ist bekannt als Dichter von Balladen, die ihm einen hohen Bekanntheitsgrad einbrachten. Seine Alterslyrik – es handelt sich überwiegend um Gedankenlyrik – ist dagegen weniger bekannt. Der vorliegende Auszug stammt aus dem Zyklus „Unterwegs und wieder daheim" und umfasst den 4. Abschnitt, dem man die erste Zeile des Gedichts auch als Überschrift gegeben hat. In diesem Abschnitt bilanziert das lyrische Ich sein Leben und formuliert am Ende der letzten Strophe seinen Rat an die Leser. Inhalt und Form dieses 1857 entstandenen Gedichts sprechen dafür, dass sich hinter dem lyrischen Ich der Autor mit seinen persönlichen Wertvorstellungen, Anschauungen und Überzeugungen verbergen könnte.

Hauptteil:
1. Teilaufgabe
Zu Beginn fasst das lyrische Ich seine Reiseaktivitäten zusammen und benennt seine Motive, warum es sich auf Wanderschaft begeben hat. Die Suche nach dem Glück und der Selbstverwirklichung war seine Antriebskraft. Schon in der dritten Zeile der ersten Strophe räumt es ein, dass es sich getäuscht hat und dass statt des erhofften Glücks und der angestrebten Zufriedenheit nur Vereinsamung das Ergebnis seiner Bemühungen gewesen ist.
Obwohl es dem „Leben" mit all seinen Aufgeregtheiten („Ich hörte, wie das Leben lärmte", V. 5) und Ausprägungen („Ich sah sein tausendfarbig Licht", V. 6) während der Reise begegnet ist, breitete sich Enttäuschung in ihm aus. Das Leben, das es in den verschiedenen Regionen und Städten kennengelernt hat, erfüllte nicht seine Erwartungen („Und echtes Leben war es nicht", V. 8). Die Diskrepanz zwischen den Erwartungen des lyrischen Ichs und seinen tatsächlichen Erfahrungen verdeutlichen seine Formulierungen, die darauf hindeuten, dass das Leben, so wie

es ihm begegnet ist, nur „Oberfläche", „schönen Schein" und eine Vielzahl flüchtiger Eindrücke zu bieten hatte. Dies war jedoch nicht das „echte" Leben, das das lyrische Ich bei seinem Aufbruch zu finden gehofft hat. Man kann diese Passage als Ausdruck von Fontanes nachdenklich-skeptischer Haltung gegenüber den durchweg positiven, optimistischen Schilderungen des Aufbruchs in fremde Welten deuten, die für weite Teile der romantischen Lyrik charakteristisch sind. Fontane greift die für zahlreiche Gedichte der Romantik prägende Sehnsucht nach neuen Erfahrungen in der Fremde auf, stellt aber die Bedeutung der Vielfalt der Eindrücke für das „wahre Leben" infrage.
Der Verdruss über die Enttäuschung lässt das Lyrische Ich – resigniert, aber am Ende erleichtert – in seine Heimat („bin ich heimgegangen", V. 9) zurückkehren. Diese Erleichterung wird durch das „endlich" (V. 9) in der ersten Zeile der dritten Strophe angezeigt. In der vertrauten Umgebung und dem bekannten sozialen Umfeld findet es all das, wonach es zuvor verlangt hat und weshalb es „einst" (V. 12) sich entschlossen hatte, sein Glück in der „Ferne" zu suchen.
In der letzten Strophe formuliert das lyrische Ich noch einmal seine Erkenntnisse über seine Reisen. Die „fremde" Welt hat ihn nicht nur enttäuscht, sondern auch psychisch verletzt („Kränkung", V. 13). Die Erfahrungen von „Einsamkeit" (V. 4) und Fremdheit (vergl. V. 13) haben es zu der Einsicht geführt, dass sich das Glück und das Leben allein in der eigenen Familie, in der heimatlichen Umgebung und der persönlichen Bescheidenheit finden lassen. Diese Einsicht formuliert das lyrische Ich als Begründung für die Relativierung des Fernwehs und des Verlangens nach Abenteuern und Selbstverwirklichung in der Fremde.
Den Zusammenhang der verschiedenen Abschnitte verdeutlicht schon der Titel des Zyklus: „Unterwegs und wieder daheim". Der letzte Abschnitt spiegelt noch einmal genau diese Struktur wider, indem es zunächst um die weit zurückliegenden Geschehnisse („einst", V. 12) geht, die das lyrische Ich einer abschließenden kritischen Reflexion und Bewertung unterzieht.
Fontane nutzt den „Zauber der Form", um seine inhaltlichen Aussagen zu unterstreichen. Er hat als Gedichtform das Lied gewählt, das aus vier Strophen mit jeweils vier Versen besteht und durchgängig den Kreuzreim (a b a b) verwendet. Die überwiegend vorkommenden Jamben verleihen dem Auszug eine gewisse Lebendigkeit (Dynamik), die insbesondere den beschriebenen Tätigkeiten in der „fremden Welt" angepasst ist.
Die Wortwahl betont den Gegensatz zwischen den Erwartungen und den Erfahrungen des lyrischen Ichs. Während es zur Beschreibung seiner früheren Bemühungen durchaus positiv besetzte Wörter benutzt („Glück", V. 2; „Suche", V. 3; „Leben lärmte", V. 5; „tausendfarbig Licht", V. 6; usw.), verwendet es zur Beschreibung seiner Erfahrungen negativ besetzte Wörter oder Verneinungen („Einsamkeit", V. 4; „kein Licht, das mich erwärmte", V. 7; „echtes Leben war es nicht", V. 8; „endlich", V. 9; „Verlangen", V. 11; „trieb", „Die Welt, die fremde, lohnt mit Kränkung" V. 13).
Der Kontrast zwischen Erwartungen und Erfahrungen wird auch durch die Wahl der Tempusformen deutlich. In den Strophen eins bis drei verwendet Fontane die Zeitformen der Vergangenheit, das Präteritum und Perfekt. Die Bemühungen um das Glück und das Leben liegen ebenso wie die Ergebnisse in der Vergangenheit. Aus ihnen zieht das lyrische Ich die „verallgemeinerten" und damit in der Gegenwart gültigen „Lehren", was durch die Verwendung des Präsens in der letzten Strophe unterstrichen wird.
Fontanes Satzbau weist Para- und Hypotaxe auf, wobei manche Satzkonstruktion die Bemühungen des Autors widerspiegelt, den „Zauber der Form" zu erzielen. Diese Intention wird durch die Verwendung zahlreicher rhetorischer Figuren realisiert: Wiederholungen („und" V. 2, 4, 8, 9, 11, 16; „suchen"/„Suche", V. 2 und 3; „Leben" V. 5 und 8; „Welt", V. 13 und 16), Anapher („Ich hörte", V. 5; „Ich sah", V. 6; „Und echtes Leben", V. 8; „Und endlich", V. 9), Parallelismus, Akkumulation („Das Haus, die Heimat, die Beschränkung", V. 15).

Der Autor hat sich darüber hinaus um eine anschauliche Darstellungsweise bemüht, um dem Leser den Nachvollzug seiner Aussagen zu erleichtern. Die erste Zeile der ersten Strophe beschreibt den Umfang der Wanderungen des lyrischen Ichs. Hinzu kommen die Beschreibungen der drei Sinneseindrücke (auditiv: „das Leben lärmte", V. 5; visuell: „tausendfarbig Licht", V. 6; sensitiv: „kein Licht, das mich erwärmte", V. 7).
Die Inhalts- und Formanalyse hat gezeigt, wie sehr Fontane an den zentralen Elementen und der Sprache in diesem Gedicht gefeilt hat, um den künstlerischen Ambitionen seiner Epoche, der Widerspieglung der Wirklichkeit und deren „Verklärung" (Realismus), gerecht zu werden.

2. Teilaufgabe
Die bekanntesten Vertreter des Realismus haben überwiegend die Epik bevorzugt. Sie haben sich darüber hinaus – wenn auch in einem deutlich geringeren Umfang – mit der Lyrik beschäftigt. Dabei standen sie häufig in der Tradition der Spätromantik und des Biedermeier.
Die Epoche der Romantik wurde weitestgehend geprägt durch die Darstellung von Phantasien, Gefühlen und Leidenschaften. Die Protagonisten strebten nach Individualität und ihr subjektives Empfinden wurde fast zum alleinigen Wertmaßstab. Sie waren häufig auf der Suche nach Freundschaft und Geselligkeit, die sie auf ihren Reisen und Wanderungen zu finden hofften. Zu den häufig wiederkehrenden Motiven und Schlüsselwörtern gehörte zudem die Sehnsucht, in der Ferne die Welt und sich selbst kennenzulernen und so das „wahre, eigentliche Leben" zu finden. Die Autoren entwickelten oft einen großen Bilderreichtum, um die Vielzahl von Sinneseindrücken zu vermitteln, die unterwegs auf sie einwirkten.
Die nachfolgende Dichtergeneration gehörte zum Biedermeier. Sie behandelte in ihren Gedichten zumeist private Themen und Gegenstände: Ehe, Familie und Heimat. Zu den bevorzugten Motiven und häufig wiederkehrenden Schlüsselwörtern zählten „Gemütlichkeit", (häusliches) „Glück", „Bescheidenheit", „Genügsamkeit" und „Heimat". Die Dichter hatten vielfach eine Präferenz für Lieder und Balladen. Ihre künstlerische Darstellungsweise wurde überwiegend beherrscht von Stimmungsbildern, die durch Einfachheit gekennzeichnet waren.
Der Auszug aus Fontanes Zyklus „Unterwegs und wieder daheim" weist deutliche Einflüsse der beiden genannten Epochen auf. In der romantischen Tradition stehen die Verse eins und zwei der ersten Strophe, da sie den Aufbruch in die Fremde und die Suche nach dem Glück thematisieren. Ferner zählen die Verse eins und zwei der zweiten Strophe mit ihrer (distanziert-skeptischen) Schilderung der verschiedenen Sinneseindrücke dazu. Schließlich sind in diesen Zusammenhang auch noch die Verse drei vier der dritten Strophe einzuordnen, weil sie das Fernweh und das Verlangen nach einem Aufbruch ins Unbekannte noch einmal kritisch reflektieren. Der Einfluss des Biedermeiers zeigt sich in den Versen drei und vier der ersten und zweiten Strophe, in denen vom Scheitern der Selbstverwirklichung in der Fremde die Rede ist. Die Rückkehr zur Familie, zu den Freunden, in die Heimat stellt sich als Rückzug in die Privatheit dar. Die letzten beiden Verse des 4. Abschnittes verdeutlichen, wie stark Fontane seine Altersdichtung durch die Aufnahme von Motiven und Schlüsselwörtern an der Schreibweise der Lyrik des Biedermeiers orientiert hat.

Schluss:
Fontanes Alterslyrik beschäftigt sich mit den Themen „Lebenserfahrungen", „Generationenprobleme" und „Tod". Sein Gedichtzyklus „Unterwegs und wieder daheim" steht eindeutig in der Tradition der voraufgegangenen Epochen. Aber er ahmt deren Schreibweise nicht nur einfach nach. Seine Gedichte werden vom „Plauderton" geprägt, den er auch in seinen Romanen verwendet. Es geht ihm darum, eine angemessene lyrische Ausdrucksweise für seine durchaus ernsten Anliegen zu finden, die ohne die Darstellung der hässlichen oder abstoßenden Seiten dieser Themen auskommt.

1. → 2. → 3. → 4. → 5. → **6. Klausur überarbeiten**

Nehmen Sie sich die Zeit, Ihre Klausur noch einmal sorgfältig zu prüfen und gegebenenfalls zu überarbeiten. Um die Zeit für den Überarbeitungsprozess optimal zu nutzen, sollten Sie sich einen **persönlichen Überarbeitungsplan** erstellen, den Sie nach der ersten Klausur des ersten Kurshalbjahres in der Qualifikationsphase ständig Ihren Bedürfnissen anpassen können.
Der Überarbeitungsplan könnte wie folgt aussehen:

Mein Klausur-Überarbeitungsplan

Art des Fehlers

Aufbau und Gedankenführung
- Denkfehler / mangelnde Nachvollziehbarkeit
- unklare(r) Aufbau/Struktur
- sachlicher Fehler
- fehlender Absatz
- fehlende Begründung
- fehlende / unpassende Überleitungen

Ausdruck und Satzbau
- unpräzise Wortwahl / fehlende Fachbegriffe
- unangemessene Stilebene
- unnötige Füllwörter / Verwendung von Floskeln
- vermeidbare Wiederholungen
- fehlerhafter Satzbau
- fehlerhafte Wortstellung

Grammatik und Rechtschreibung
- Grammatikfehler
- Tempusfehler
- unklare grammatikalische Bezüge
- Modusfehler
- Zitierfehler / unzureichend oder fehlerhaft gekennzeichnete Anpassung von Zitaten
- Orthografiefehler
- Zeichensetzungsfehler

Meine besonderen Fehlerschwerpunkte
-
-
-

Abschließend noch ein paar Tipps für einen optimalen Überarbeitungsprozess am Ende der Klausur:
Sie dürfen während der (Abitur-)Klausuren in der Regel ein Nachschlagewerk verwenden. Nutzen Sie diese Chance, um Ihre Fehler – gemäß Ihrem persönlichen Überarbeitungsplan – im Bereich Rechtschreibung und Grammatik zu reduzieren. Bei häufigen Verstößen gegen die Rechtschreibregeln kommt es zu Punktabzügen.

Musterklausur 3: Analyse eines lyrischen Textes

Matthias Politycki: Goldener Oktober[1]

Central Park, N. Y.[2]

Der da sitzt,
inmitten bunter Blätter
und jeder Menge Wolkenkratzer,
das bin ich.

Müde bin ich
dieses goldenen Tages,
müde des goldenen Tages davor,
dieser steinernen Stadt, des steinernen Himmels darüber, müde.

Sicher, man könnte die Enten füttern (wenn man Brot hätte),
könnte eine der flanierenden[3] Frauen ansprechen (wenn man Mut hätte),
man könnte schreiend davonlaufen, schweigend seiner Wege gehen
oder einfach sitzen bleiben –

sitzen bleiben und auf eine Windhose warten,
auf einen Erdrutsch, die nächste Sonnenfinsternis,
sitzen bleiben, bis der Parkwächter kommt,
die Fremdenpolizei, der Nachtportier, der Arzt, der Totengräber,

nichts Mühsames mehr denken,
nichts Massives mehr fühlen,
keine Mätzchen[4] mehr machen,
keine überflüssige Bemerkung, keine Bewegung –

Der solcherart säße,
erlöst von all den Blättern, Enten, Wolkenkratzern,
das wäre noch immer
kein anderer als ich.

(entstanden zwischen dem 31.10. und 3.11.2005, Erstveröffentlichung 2009)

Aus: Politycki, Matthias: *Die Sekunden danach. 88 Gedichte.* Hamburg: Hoffmann und Campe 2009, S. 78

Worterklärungen: 1 „Goldener Oktober" oder „goldener Herbst" bezeichnet die sonnigen Tage des Spätsommers/Frühherbstes; 2 Der Central Park liegt in New York, eingerahmt von den Wolkenkratzern. Er dient oft als Veranstaltungsort großer Konzerte; 3 auf den Einkaufsstraßen bummeln oder im Park umherspazieren; 4 verrückte Sachen

Matthias Politycki: Die Farbe der Vokale. Von der Literatur, den 78ern und dem Gequake satter Frösche

Mit dem Durchbruch der „Neuen Deutschen Lesbarkeit" meldete sich unsere Gegenwartsliteratur zurück. […] , die „Neue Deutsche Lesbarkeit" verspricht dabei im übrigen nichts *völlig* Neues, im Grunde ist sie nichts andres als die *alte* Lesbarkeit, wie sie's in allen Jahrhunderten aller literarischen Entwicklungen immer wieder einmal gegeben hat, ist nichts andres als die *uralte* Lesbarkeit, herbeigeführt mit neuen nachmodernen Mitteln.

[…] Was also müßte das Schlagwort sein, das die Neue Deutsche Lesbarkeit auf ihren überdeutlichen Begriff bringt? Beim Zusammenstellen dieses Bandes, dessen Teile […] nur einen eignen Epochen-Wechsel im Kleinen dokumentieren, fällt mir *eines* als sein Leitmotiv auf: das Insistieren[1] auf der Form, die insistierende Rückbesinnung auf die Form als *den* Kardinalaspekt[2] aller Ästhetik. […]

Jede ernstzunehmende Ästhetik kann aber […] ausschließlich hier, im Formalen, verankert werden […]. Was wir tatsächlich im Bereich der Literatur wieder dringend brauchen ist […] ein Bedürfnis nach der gelungenen Form oder, um es mit *einem* Wort zu sagen, ein Bedürfnis nach Schönheit. Auch in der *deutschen* Sprache kann […] sehr viel Schönheit liegen; und das Vergnügen an einem perfekt gebauten Satz übertrifft alle andern Arten von Vergnügen, die sich beim Lesen empfinden lassen, um ein Vielfaches.

(1995)

Nicht so sehr um Inhaltliches, gar Weltanschauliches müßte es dabei zunächst gehen, sondern um Formales: Was anderes als der Umgang mit Sprache ist es, der eine Literatur definiert – […] Und wie sehr ist diese unsre Sprache schon auf den Hund gekommen, korrumpiert[3] durch politisch korrekten Wortmüll, durch überflüssige Anglizismen, durch eine grassierende[4] Kurzsatzmode, die zum rasenden Schwund der Konjunktivformen geführt hat. Ein Relevanter Realismus […] hat hier und nur hier seine Wurzel: in einem Sprachgefühl, das aus der Fülle seines Materials auch wieder die Fülle der Gedanken ermöglicht; der aus der umfassenden Kenntnis grammatikalischer Strukturen unsre komplizierte Wirklichkeit einzig angemessen inszeniert […].

(2005)

Worterklärungen: 1 auf etwas bestehen; 2 Hauptgesichtspunkt; 3 verdorben, bestochen, deformiert; 4 um sich greifen

Aus: Politycki, Matthias: *Die Farbe der Vokale. Von der Literatur, den 78ern und dem Gequake satter Frösche.* München: Luchterhand Literaturverlag 1998, S. 7 ff.; Politycki, Matthias: *Vom Verschwinden der Dinge in der Zukunft. Bestimmte Artikel.* Hamburg: Hoffmann und Campe 2007, S. 114

Anmerkung: Text in alter Rechtschreibung

Aufgabenstellung:

1. Analysieren Sie das Gedicht „Goldener Oktober" von Matthias Politycki unter besonderer Berücksichtigung der Wortwahl sowie der bildlichen und syntaktischen Gestaltungsmittel. *(42 Punkte)*
2. Stellen Sie die wesentlichen Aussagen aus Polityckis literaturtheoretischen Überlegungen dar. Prüfen Sie abwägend, inwieweit diese sich auf sein Gedicht „Goldener Oktober" beziehen lassen. *(30 Punkte)*

1. Erstes Überfliegen des Textes – Aufgabenstellung erfassen → **2.** → **3.** → **4.** → **5.** → **6.**

Vor der eigentlichen Erschließung des Gedichts sollten Sie sich einen Zeitplan für die Klausur erstellen. Notieren Sie sich dazu die vorgesehenen Arbeitsschritte mit der ungefähren Arbeitszeit, die Sie für jeden Arbeitsschritt eingeplant haben.

Überfliegen Sie das Gedicht. Verschaffen Sie sich ein erstes Textverständnis und halten Sie es stichwortartig fest. Leitfragen dazu finden Sie auf S. 3 und auf S. 20

Formulieren Sie nunmehr Ihre vorläufige Verstehenshypothese.

Das lyrische Ich hat sich an einem Herbsttag auf einer Parkbank im Central Park in New York niedergelassen. Müdigkeit macht ihm zu schaffen. Das lyrische Ich erwägt zahlreiche alternative Aktivitäten und scheint sich schließlich für die Passivität zu entscheiden. Am Ende erkennt es, dass alle Verhaltensweisen keine Änderungen seiner Persönlichkeit herbeiführen würden.

Lesen Sie nun die **Aufgabenstellung** genau durch. Achten Sie vor allem auf die Arbeitsanweisungen (Operatoren). Überlegen Sie sich, wie Sie die Aufgaben lösen wollen.
Das vorliegende Aufgabenformat besteht aus **zwei Teilaufgaben**. Beide hängen inhaltlich/thematisch eng zusammen, was Sie bei Ihrem weiteren Vorgehen unbedingt beachten sollten.
Die **erste Teilaufgabe** verlangt von Ihnen eine Analyse des Gedichts. Die Erschließung der inhaltlichen und der sprachlich-formalen Elemente soll unter Berücksichtigung der Wortwahl sowie der bildlichen und syntaktischen Gestaltungsmittel erfolgen.
Bei der **zweiten Aufgabe** (textüberschreitende Aspekte) sollen Sie die zentralen Aussagen des Autors zu seinen literaturtheoretischen Überlegungen wiedergeben und ihre Umsetzung in dem analysierten Gedicht prüfen.
Die Teilaufgaben können bei der Notenfindung unterschiedlich gewichtet werden. Sie erhalten am Ende der Aufgabe einen Hinweis auf die zu erzielenden Punkte. Achten Sie darauf, dass Sie nicht zu viel Zeit für die Teilaufgabe aufwenden, der eventuell deutlich weniger Gewicht beigemessen wird.

1. → **2. Text aspektorientiert erschließen** → **3.** → **4.** → **5.** → **6.**

Teilschritt: Inhalt sichern (→ 1. Teilaufgabe)

Lesen Sie sich das Gedicht von Matthias Politycki sorgfältig durch. Lassen Sie es zunächst auf sich wirken und erschließen Sie dann den Inhalt durch die folgende Vorgehensweise:

- Markieren Sie die **Schlüsselwörter** im Text, indem Sie (gegebenenfalls) eine **semantische Kartografie** (Vernetzung) durchführen.
- Fügen Sie **Randnotizen** hinzu.
- Fassen Sie den Inhalt der Strophen zusammen und formulieren Sie für jede Strophe eine **Zwischenüberschrift**.

Das Vorgehen bietet folgende Vorteile:

- **Inhaltsübersichten bieten einen Überblick über das Geschehen.**
- **Sie ermöglichen bei der Suche nach Textbelegen/Zitaten eine schnelle Orientierung.**
- **Inhaltsübersichten enthalten Formulierungen, die Sie direkt übernehmen und mit Ihren eigenen Erschließungsergebnissen verknüpfen können.**

Fassen Sie Ihre ersten Eindrücke (vgl. die einzelnen Aspekte auf S. 4) und den Inhalt der sechs Strophen kurz mit eigenen Worten zusammen.

Kurze Übersicht über den Inhalt der einzelnen Strophen:

1. Strophe: Nach der konkreten Ortsangabe (Central Park in New York) beschreibt das lyrische Ich seine Wahrnehmungen an seinem Aufenthaltsort.
2. Strophe: Obwohl es „goldene" Tage hier erlebt hat, ist es „müde", weil es sich in diesem „steinernen" Meer überfordert fühlt.
3. Strophe: In einem Selbstgespräch wägt das lyrische Ich seine Handlungsmöglichkeiten ab, die zwischen zahlreichen Unternehmungen (Aktivität) und bloßem Abwarten (Passivität) schwanken.
4. Strophe: Falls es sich für die Passivität entscheidet, könnten sich wahrscheinliche, aber auch unwahrscheinliche Dinge ereignen.
5. Strophe: Die Vorstellungen des lyrischen Ichs reichen vom Aufgeben des Denkens bis zur absoluten Erstarrung.
6. Strophe: Das lyrische Ich gelangt zu der Erkenntnis, dass alle (angenommenen) Verhaltensweisen nichts an seiner Persönlichkeit verändern würden.

Teilschritt: Genauere Analyse des lyrischen Ichs (→ 1. Teilaufgabe)

Eine besondere Bedeutung kommt dem fiktiven Sprecher des Gedichts zu. Sehr häufig handelt es sich um ein lyrisches Ich, das sein Verhalten im Text erläutert, das Geschehen schildert und kommentiert sowie Reflexionen dazu anstellt.
Eine Übersicht über die möglichen Untersuchungsaspekte zur genaueren Analyse des lyrischen Ichs / des Sprechers finden Sie weiter oben auf S. 5.

Goldener Oktober	Rollengedicht/Assoziation: Herbst
Central Park, N. Y.	Genaue Lokalisierung des Geschehens
Der **da** sitzt,	Verweis auf den Aufenthaltsort
inmitten bunter Blätter	visuelle Wahrnehmung: Herbststimmung
und jeder Menge Wolkenkratzer,	visuelle Wahrnehmung weckt Eindruck der Verlorenheit
das bin ich.	Lyrisches Ich
~~Müde~~ bin ich	Empfindung
dieses goldenen Tages,	Wahrnehmung/Wiederholung der Herbststimmung
~~müde~~ des goldenen Tages davor,	Aufenthalt in dieser Stadt schon am Tag zuvor

dieser steinernen Stadt, des steinernen Himmels darüber, ~~müde~~.	charakteristisches Merkmal dieser Stadt Empfindung: Überforderung trotz „goldener" Tage in dieser „steinernen" Stadt/nachdrückliche Betonung der Empfindung
Sicher, man könnte die Enten füttern	Selbstgespräch: Verständigung über das weitere Handeln / Entwicklung von Vorstellungen / Konjunktiv / beliebte Tätigkeit von Kindern und älteren Menschen in einer großen Stadt
(wenn man Brot hätte),	Konjunktiv (Potentialis) / Einschränkung
könnte eine der flanierenden Frauen ansprechen	Wiederholung / Aufzählung von Alternativen
(wenn man Mut hätte),	Konjunktiv (Potentialis)
man könnte schreiend davonlaufen,	Wiederholung / Aufzählung von Alternativen
schweigend seiner Wege gehen	Aktivität
oder einfach sitzen bleiben –	Passivität / psych. Disposition: Erschöpfung
sitzen bleiben und auf eine Windhose warten,	Fortsetzung der Passivität / Ziellosigkeit
auf einen Erdrutsch, die nächste Sonnenfinsternis,	unwahrscheinliche, dramatische Ereignisse / Naturphänomene
sitzen bleiben, bis der Parkwächter kommt,	Wiederholung / realistisches Ereignis
die Fremdenpolizei, der Nachtportier,	nicht zu erwartendes Ereignis
der Arzt, der Totengräber,	weit in die Zukunft verweisendes (unwahrscheinliches) Ereignis: Krankheit / weit in die Zukunft verweisendes Ereignis: Tod
nichts Mühsames mehr denken,	Absage an das (Nach-)Denken
nichts Massives mehr fühlen,	Stillstand der Gefühle
keine Mätzchen mehr machen,	Verzicht auf (liebgewonnene) „Spielchen" (Zeitvertreib)
keine überflüssige Bemerkung, keine Bewegung –	Verzicht auf (überflüssige) Kommunikation/ Inaktivität/Tatenlosigkeit
Der solcherart säße,	Konjunktiv (Potentialis) / Bestimmung der Art und Weise
erlöst von all den Blättern, Enten, Wolkenkratzern,	Empfindung: Erleichterung / Befreiung von Umständen
das wäre noch immer	Konjunktiv
kein anderer als ich.	Unsicherheit / Suche nach der Identität / negative Bestimmung / Wahrung der Identität

Teilschritt: Gedankenführung und Struktur erschließen (→ 1. Teilaufgabe)

Neben der Analyse und Deutung des lyrischen Ichs gilt es auch den Aufbau und die Struktur des Gedichts zu erschließen und zu erläutern. Das Strukturmuster wird bestimmt durch die Darstellung des Geschehens, der Figurenkonstellationen sowie der Raum- und Zeitstrukturen.
Eine Anleitung zur Erschließung der Struktur finden Sie auf S. 7.

✎ Erschließen Sie die fünf Aspekte zum inhaltlichen Aufbau und zur Struktur des Gedichts.

Entwicklung des Geschehens
Das lyrische Ich hat sich nach mindestens zwei Tagen Aufenthalt in der herbstlichen Millionenstadt New York eine Sitzbank im größten Park gesucht, um sich auszuruhen, weil es sich in den Häuserschluchten überfordert fühlt. Nunmehr geht es in einem Selbstgespräch die Möglichkeiten durch, die es für die nächsten Stunden besitzt. Das lyrische Ich schwankt zwischen zahlreichen Aktivitäten einerseits und Nichtstun andererseits. Am Ende erkennt es, dass seine Identität – ungeachtet seiner Entscheidung für oder gegen seine möglichen Verhaltensweisen – immer unverändert bestehen bliebe.
Aufbau des Gedichts
Sechs Strophen, wobei vorab der Aufenthaltsort des lyrischen Ichs bestimmt und in den nachfolgenden sechs Strophen mit je vier Versen das Geschehen geschildert wird.
Innerhalb der Rahmung (erste und sechste Strophe), d. h. der Auseinandersetzung mit sich selbst, denkt das lyrische Ich zunächst über sein Befinden nach (Strophe zwei) und skizziert dann mögliche Verhaltensweisen (Strophen drei bis fünf).
Zusammenhang zwischen Geschehnissen und Aufbau
Die Auseinandersetzung des lyrischen Ichs mit seiner Identität dreht sich im Kreis, es kehrt am Ende (sechste Strophe) zu seiner Ausgangsschilderung (erste Strophe) zurück, so dass hier eine „Rahmung" deutlich wird.
Zeit- und Raumstruktur
Das lyrische Ich besucht die Millionenstadt New York und sucht Ruhe im Central Park zu finden.
Titel und Inhalt
Der Titel „Goldener Oktober" fördert die Erwartung einer stimmungsvollen Schilderung. Die ersten beiden Zeilen der ersten Strophe unterstützen dies. Das erste Wort der zweiten Strophe lässt den Leser aufhorchen, weil er dieses psychische Befinden des lyrischen Ichs nicht erwartet hat. Die zweimalige Wiederholung verstärkt die Zweifel an der positiven Stimmung. Das weitere Geschehen (Strophen drei bis fünf) hat nichts mehr mit einem „[g]oldenen Oktober" zu tun. Erst in der sechsten Strophe tauchen die „Blätter" wieder auf, ohne jedoch die herbstliche Stimmung aufzugreifen.

Teilschritt: Analyse der lyrischen Form (→ 2. Teilaufgabe)

Zu den Ihnen sicherlich bekannten lyrischen Formelementen gehören die Strophenform, der Reim, das Metrum, die Klanggestalt, die Wortwahl und die rhetorischen Figuren, die Bildhaftigkeit, usw. Sie müssen analysiert und erklärt werden, um die Wechselwirkung zwischen Inhalt und Form zu erschließen.

Führen Sie dazu eine Analyse der lyrischen Formelemente und Ausdrucksmittel durch.

Goldener Oktober	romantische Anklänge/Intertextualität
Central Park, N. Y.	
Der da sitzt,	Rahmung/Präsens
inmitten **bunter** Blätter	Bildhaftigkeit/Farbassoziation
und jeder Menge **Wolkenkratzer**,	Bildhaftigkeit / gängige Metapher nah am alltäglichen Sprachgebrauch
das bin ich.	Lyrisches Ich/Indikativ

~~Müde~~ bin ich	Empfindung
dieses **goldenen** Tages,	Adjektiv-Substantiv-Kopplung
~~müde~~ des **goldenen** Tages davor,	Wiederholungen erzeugen Nachdrücklichkeit
dieser **steinernen** Stadt, des **steinernen**	Adjektiv-Substantiv-Kopplung
Himmels darüber, ~~müde~~.	Widerspruch: „goldene" Tage in der „steinernen" Stadt
Sicher, ~~man~~ könnte die Enten füttern	Indefinitum/Konjunktiv/Bildhaftigkeit
(wenn ~~man~~ Brot hätte),	Indefinitum//Konditionalsatz/Parenthese
könnte eine der flanierenden Frauen ansprechen	Wiederholung/Parallelismus/Bildhaftigkeit
(wenn ~~man~~ Mut hätte),	Wiederholung Indefinitum/Konditionalsatz/ Parenthese/Einschränkung
~~man~~ könnte **schreiend** davonlaufen, **schweigend**	Indefinitum/Antithese/Redewendungen
seiner Wege gehen	Bildhaftigkeit
oder einfach **sitzen bleiben** –	Bildhaftigkeit
sitzen bleiben und auf eine Windhose warten,	Bildhaftigkeit/Wiederholung
auf einen Erdrutsch, die nächste Sonnenfinsternis,	Bildhaftigkeit
sitzen bleiben, bis der Parkwächter kommt,	Wiederholung/Parallelismus
die Fremdenpolizei, der Nachtportier, der Arzt	Aufzählung
der Totengräber,	Bildhaftigkeit/Klimax/Akkumulation/Hyperbel
~~nichts~~ Mühsames ~~mehr~~ denken,	Indefinitum/Anapher
~~nichts~~ Massives ~~mehr~~ fühlen,	Indefinitum/Anapher/Parallelismus
~~keine~~ Mätzchen ~~mehr~~ machen,	Indefinitum/Anapher/Alltagssprache/Parallelismus
~~keine~~ überflüssige Bemerkung, ~~keine~~ Bewegung –	Indefinitum/Anapher
Der **solcherart** säße,	Rahmung/Bestimmung der Art und Weise/ Konjunktiv II
erlöst von all den Blättern, Enten, Wolkenkratzern,	Wiederholung/Aufzählung
das **wäre** noch immer	Konjunktiv II
~~kein~~ anderer als ich.	Indefinitum / negative Bestimmung / lyrisches Ich

Strophenform

Nach der „Ortsangabe" sechs Strophen mit jeweils vier Versen

Reim

Das Gedicht ist reimlos.

Enjambements

Die nahezu in jeder Strophe vorkommenden Enjambements verleihen dem Gedicht einen fließenden Rhythmus

Metrum

Ein festes Metrum ist nicht erkennbar.

Wortwahl

Politycki bemüht sich auffallend häufig um die Bildlichkeit seiner Darstellung. Dazu gehören auch Adjektiv-Substantiv-Kopplungen und negativ konnotierte Formulierungen. Modalverben in Verbindung mit Indefinitpronomen verweisen auf die Vagheit seiner Überlegungen.

Satzbau

Para- und Hypotaxe, des Öfteren Konditionalsätze in Parenthesen. In den rahmenden Strophen (eins und sechs) leicht variierter Satzbau, der die Aussageabsicht stärker akzentuiert

Tempusformen
Das Präsens ist die durchgängige Zeitform. Auffällig ist der verstärkte Gebrauch des Konjunktivs II (auch als Potentialis).
Rhetorische Figuren
Bildhafter Sprachgebrauch, Wiederholungen, Indefinita, Anapher, Parenthesen, Parallelismus, Klimax, Akkumulation, Metapher, Hyperbel
Das Gedicht spiegelt durch die Vielzahl der rhetorischen Figuren und die Berücksichtigung der tradierten Formen und Strukturen die Bedeutung wider, die der Autor der formalen Gestaltung beimisst.

Teilschritt: Motive untersuchen (→ 2. Teilaufgabe)

Analysieren Sie die Motive des lyrischen Ichs in dem Gedicht Politycki s.

Herbstliches Stimmungsbild / Reisemotiv / Sehnsucht / Suche nach der Identität
Das lyrische Ich ist nach New York, dem „Sehnsuchtsort" vieler Menschen, gereist, um neue Erfahrungen zu sammeln. Wenn man die Biografie des Autors hinzuzieht, kann man davon ausgehen, dass Politycki ein Lyriker und „Weltenbummler" ist, dem das romantische Reise-Sehnsuchtsmotiv bekannt ist, und dass er mit seinem Gedicht an diese Tradition anschließt. Aber anders als in den lyrischen Stimmungsbildern (Herbstlyrik: „Goldener Oktober") geht es hier um wesentliche Lebensfragen des Menschen. In Polityckis Gedicht wird dem lyrischen Ich in der Anonymität der Großstadt klar, dass sich seine Identität durch den Aufenthalt in dieser Stadt nicht verändert.

Teilschritt: Analyse der textüberschreitenden Aspekte (→ 2. Teilaufgabe)

Um zu einem umfassenden Verständnis des Gedichts zu gelangen, sollten Sie die literaturtheoretischen Überlegungen des Dichters und die Zeitumstände einbeziehen. Dabei sollten Sie nur die Informationen zusammentragen, die für das Verstehen des vorliegenden Gedichts notwendig sind.

Der Autor und die Zeitumstände
Matthias Politycki, geboren am 20. Mai 1955 in Karlsruhe, ist seit 1990 freier Schriftsteller. Wenn er nicht auf Reisen ist, lebt er in Hamburg und München.
Politycki sieht seinen Beruf als eine Art Dienstleistung für seine Leser an. Seine Gedichte knüpfen einerseits an vergangene Epochen an. Andererseits sucht Politycki aber auch nach neuen, innovativen Darstellungsformen, die das Lebensgefühl seiner Leser auf den Punkt bringen. Seine Schreibweise folgt dem Prinzip der „Alltagssinnigkeit", d. h. er spiegelt alltägliche Erfahrungen wider, die die Leserschaft leicht nachvollziehen kann („Neue Deutsche Lesbarkeit"). Beim Schreiben gilt sein Hauptaugenmerk der Form und der Sprache.

1. → 2. → **3. Thesen zur Textdeutung formulieren** → 4. → 5. → 6.

Nachdem Sie das Gedicht unter verschiedenen Aspekten untersucht haben, dürfte es Ihnen nicht mehr schwer fallen, abschließend eine Deutungshypothese zu formulieren, wobei Sie unter Berücksichtigung der theoretischen Äußerungen Polityckis besonders auf den Zusammenhang von Inhalt, Form und Sprache achten.

Polityckis lyrisches Ich stellt während eines Aufenthaltes in New York fest, dass sich seine Identität durch unterschiedliche Reaktionen auf die neuen Erfahrungen nicht verändert. Die sprachlichen Darstellungsformen (Wortwahl und Satzbau) unterstützen seine Aussagen.

1. → 2. → 3. → **4. Gliederung erstellen** → 5. → 6.

Bevor Sie mit der Ausformulierung Ihres Aufsatzes beginnen, erstellen Sie einen Schreibplan bzw. eine Gliederung zur persönlichen Orientierung während des Schreibens. Halten Sie sich, wenn die Aufgabenstellung nichts anderes vorsieht, an die bewährte Aufteilung in **Einleitung**, **Hauptteil** und **Schluss**.

Hinweise zur Gestaltung der Einleitung, der Textübergänge und des Schlusses finden Sie auf S. 15.

Prüfen Sie die folgende Gliederung und ergänzen Sie sie gegebenenfalls.

Einleitung
Einleitungs- und Übersichtssatz: Titel, Autor, Textsorte, Entstehungszeit
Hauptteil:
1. Teilaufgabe:
Interpretation des Gedichts unter Berücksichtigung der Wortwahl sowie der bildlichen und syntaktischen Gestaltungsmittel
- Inhaltswiedergabe mit eigenen Worten
- Aufbau und Struktur
- Lyrische Form- und Ausdrucksmittel, insbesondere Wortwahl, Bildlichkeit und Syntax

2. Teilaufgabe:
- Skizzierung der wesentlichen literaturtheoretischen Überlegungen des Autors
- Vergleich der theoretischen Aussagen Polityckis mit seinem Gedicht

Schluss:
kritisches Fazit: Vermag der „Plauderton" seines Gedichts die aktuellen Probleme angemessen darzustellen?

1. → 2. → 3. → 4. → **5. Klausur schreiben** → 6.

Verfassen Sie nun auf der Grundlage Ihrer Vorarbeiten und Ihrer Gliederung die Klausur.

Einleitung:

Die Jahreszeiten sind ein beliebtes Thema der Autorinnen und Autoren der Romantik. Die Überschrift „Goldener Oktober" des vorliegenden Gedichts von Matthias Politycki aus dem Jahr 2005 weckt beim Leser die Erwartung, dass auch in diesem Gedicht ein herbstliches Stimmungsbild entworfen wird. Mit der genauen Ortsangabe zu Beginn und mit weiteren thematischen Aussagen knüpft das Gedicht ebenfalls an Motive an, die die Lyrik der Romantik prägen. So werden die Erwartungen des Lesers an einen entsprechenden Bezug zur Tradition verstärkt.

Hauptteil:

1. Teilaufgabe

Das lyrische Ich hat an einem Herbsttag im Central Park inmitten von New Yorks Wolkenkratzern auf einer Parkbank Platz genommen. Der nunmehr zweitägige Aufenthalt in der Steinwüste der Stadt hat es müde gemacht (Strophe eins und zwei).

Es denkt in einem Selbstgespräch darüber nach, wie man die Tage in der Großstadt mit alternativen Tätigkeiten verbringen könnte, wenn die entsprechenden Bedingungen erfüllt wären. Das lyrische Ich spielt auch durch, was geschehen könnte, wenn es einfach sitzen bliebe, um verschiedene wahrscheinliche und unwahrscheinliche Ereignisse abzuwarten. Letzten Endes erwägt es die Möglichkeit, auf jegliche Aktivität zu verzichten (Strophe drei bis fünf).

Der Kreis der Gedanken schließt sich, indem das lyrische Ich feststellt, dass der Aufenthalt in der unpersönlichen Atmosphäre der Großstadt – weder durch die Aktivitäten, die ihn zuvor ermüdet haben, noch durch die fiktiven Unternehmungen – seine Identität („Der solcherart säße, [...] das wäre noch immer kein anderer als ich.", V. 21 ff.) verändern würde (Strophe sechs).

Der Autor stellt dem Rollen- oder Erzählgedicht den Aufenthaltsort des lyrischen Ichs voran. Es folgen sechs Strophen, die jeweils vier Zeilen umfassen. Die erste und die letzte Strophe bilden einen Rahmen, in dem das lyrische Ich sich mit seiner Identität auseinandersetzt. Die drei Strophen (die Strophen drei bis fünf) dazwischen beschreiben die Überlegungen des lyrischen Ichs bezüglich seiner Handlungsalternativen. Die durch die Überschrift „Goldener Oktober" und die ersten beiden Zeilen der ersten Strophe geweckten Erwartungen, dass es sich um ein Herbstgedicht handeln könnte, werden durch diese Strophen enttäuscht.

Das Gedicht kommt ohne Reime und ohne ein festes Metrum aus. Die gute Lesbarkeit wird durch die nahezu in jeder Strophe vorkommenden Enjambements erzielt, indem sie dem Gedicht einen fließenden Rhythmus verleihen. Politycki hat als Zeitform das Präsens gewählt, um beim Leser den Eindruck zu erwecken, dass er als unmittelbarer Zeuge des „Selbstgesprächs" des lyrischen Ichs im Central Park zugegen ist.

Politycki erhöht die Nachvollziehbarkeit seiner Aussagen zum einen durch die Bildlichkeit seiner Darstellung. Dazu gehören auch häufige Adjektiv-Substantiv-Kopplungen („bunte Blätter", V. 2; „goldenen Tages", V. 6 f.; „steinerne Stadt", V. 8; „flanierende Frauen", V. 10; „überflüssige Bemerkung", V. 20). Zum anderen trägt der weitgehende Verzicht auf metaphorischen Sprachgebrauch dazu bei, dass das Gedicht leicht zugänglich ist.

Der Autor verwendet in seinen Satzreihen und Satzgefügen weitere sprachliche Darstellungsmittel, um so zum besseren Verständnis seines Gedichtes beizutragen. Aufzählungen (vor allem in der vierten Strophe), Wiederholungen (zweite Strophe: „Müde bin ich / dieses goldenen Tages, / müde

des goldenen Tages davor, / dieser steinernen Stadt, [...] müde.", V. 5–8), Parenthesen (dritte Strophe), Akkumulation und Hyperbel („sitzen bleiben, bis [...] der Totengräber [kommt]", V. 12–16). In den Strophen eins und sechs werden die Aussagen vom Autor leicht variiert, um den „Fortbestand" der Identität des lyrischen Ichs zu unterstreichen.
Den Kontrast zwischen der erfahrenen Wirklichkeit in der Stadt und den Vorstellungen des lyrischen Ichs im Park unterstreicht der Autor in besonderer Weise durch den Gebrauch der Modi. So weisen die ersten beiden Strophen des lyrischen Ichs zur Kennzeichnung seines psychischen Befindens den Indikativ auf: „Der da sitzt [...] das bin ich" (V. 1–4) beziehungsweise „Müde bin ich" (V. 5–8). Die Überlegungen zu möglichen Handlungsalternativen beginnen mit einer Versicherung („Sicher", V. 9) und mit dem Indefinitpronomen „man" (V. 9), das sich sowohl auf die Gedanken des lyrischen Ichs beziehen lässt als auch die Vorstellungen der gesamten Leserschaft einschließen kann. Alle nachfolgenden Formulierungen sind vom Modalverb „können" abhängig: „man könnte [...] füttern", V. 9; „könnte [...] ansprechen", V. 10; „man könnte [...] davonlaufen [...], V. 11 oder einfach sitzen bleiben", V. 12 ff. Die in den Parenthesen angeschlossenen Konditionalsätze in den ersten beiden Zeilen der dritten Strophe erweisen sich als Konjunktiv Potentialis („wenn man Brot hätte", V. 9 und „wenn man Mut hätte", V. 10). Den Konjunktiv Potentialis verwendet der Autor auch in der ersten und dritten Zeile der letzten Strophe („Der [...] säße, [...] das wäre [...] kein anderer als ich", V. 21–24).
Die Begründung für seine Schreibweise liefert Politycki – wie auch viele andere Autorinnen und Autoren der Gegenwart – in verschiedenen Äußerungen zu seiner dichtungstheoretischen Position. Diese steht im Mittelpunkt der nun folgenden Darstellung.

2. Teilaufgabe
Politycki bezeichnet die neue Strömung in der Gegenwartsliteratur als „Neue Deutsche Lesbarkeit". Er betont, dass es sich dabei nicht um etwas gänzlich Neues handelt, dass aber in ihr gleichwohl neue („nachmoderne", Z. 5) Ausdrucksformen erprobt werden. Als Hauptkennzeichen dieser neuen „Epoche", der „Neuen Lesbarkeit", bezeichnet er das Bemühen ihrer Vertreter um eine angemessene Form der Darstellung der Lebenswirklichkeit seiner Leser und ihrer Probleme. Politycki verweist darauf, dass die Form auch mit der „Schönheit" der Sprache verbunden ist. Der Dichter sollte ein „Sprachgefühl" besitzen, das es ihm ermöglicht, mit Hilfe grammatikalischer Strukturen (insbesondere des Satzes) die komplexe Wirklichkeit in seinen Gedichten angemessen, d. h. nachvollziehbar, abzubilden.
Mit dem vorliegenden Gedicht erbringt Matthias Politycki den Nachweis, dass er sich an seine eigene Maxime hält. Er entlehnt seine Themen und Motive aus der romantischen „Tradition". Das lyrische Ich ist nach New York, dem „Sehnsuchtsort" vieler Menschen, gereist. Nun beschreibt das lyrische seine subjektiven Eindrücke, die es von der „steinernen" (V. 8) Stadt mit seinen Wolkenkratzern (vgl. V. 3) gewonnen hat. Seine Überlegungen kreisen um die unabschließbare Suche nach sich selbst und um (wahrscheinliche und unwahrscheinliche) Ereignisse des Alltags: Enten füttern im Park, flirten mit vorübergehenden Frauen, sich Naturphänomenen aussetzen, auf den Parkwächter, einen Vertreter der Ausländerpolizei oder den Nachtportier, den Arzt oder sogar Totengräber warten (vgl. V. 9 ff.).
Bei der Schilderung dieser Überlegungen schenkt Politycki der Form große Aufmerksamkeit. Die Forderung nach der „Schönheit" (Z. 13) der Sprache erfüllt er vor allem durch seine Wortwahl, seine rhetorischen Figuren, seine Adjektiv-Substantiv-Kopplungen und seine Bildhaftigkeit. Die „Schönheit" wird auch durch die Anwendung von komplexen Satzstrukturen (Einschübe, Parenthesen und Redewendungen) verdeutlicht. Nicht unerwähnt bleiben darf der korrekte Gebrauch des Konjunktivs II (Potentialis) bei den Überlegungen des lyrischen Ichs, was es im Park unternehmen

könnte (vergl. V. 9ff.). Politycki wirkt also mit seinem Gedicht unmittelbar dem von ihm beklagten „Schwund der Konjunktivformen" (Z. 22) entgegen.
Das Gedicht spiegelt durch seinen Aufbau und die Berücksichtigung der tradierten Formen und Strukturen sowie der Wortwahl und der Vielzahl der angewandten rhetorischen Figuren das Bewusstsein und die Bemühungen des Autors um die künstlerische Form wider, so wie Politycki es in seinen literaturtheoretischen Überlegungen gefordert hat.

Schluss:
Polityckis Art zu schreiben, erinnert oft an Fontanes „Plauderton". Ich bin der Meinung, dass ...

1. → 2. → 3. → 4. → 5. → **6. Klausur überarbeiten**

Teilen Sie sich Ihre Zeit so ein, dass Sie Ihre Klausur am Schluss noch einmal gründlich überarbeiten können. Orientieren Sie sich an den folgenden Kriterien.

Überprüfung des Inhalts

- Passt der Inhalt zu den Anforderungen der Aufgabenstellung / den Teilaufgaben?
- Sind die Operatoren alle erfasst und umgesetzt?
- Ist der Klausurtext sachlich korrekt (Fachbegriffe, Autorennamen, Jahreszahlen etc.)?

Überprüfung der Plausibilität (Stimmigkeit)

- Sind Vergleichsthese und Beweisführung nachvollziehbar?
- Ergibt sich Ihre Gesamtdeutung aus den Einzelbeobachtungen?
- Werden die textüberschreitenden Aspekte in die Interpretation einbezogen?

Überprüfung der Stringenz (Folgerichtigkeit)

- Ist der Aufbau der Gliederung stimmig? Haben Sie sich in Ihren Ausführungen daran orientiert?
- Ist Ihr Text aus sich heraus verständlich?
- Haben Sie Ihre Ausführungen sinnvoll miteinander verbunden?
- Ist ein roter Faden erkennbar?

Überprüfung der Sprache und der Form

- Ist die Wortwahl zutreffend und genau? Passen die Fachbegriffe zu den Aussagen?
- Halten Sie eine sachlich-analytische Stilebene durch oder gibt es Stilbrüche?
- Haben Sie die Syntaxregeln beachtet und haben Sie klare grammatische Bezüge hergestellt?
- Sorgen Sie für sprachliche Abwechslung und vermeiden Sie Wiederholungen, Floskeln etc.?
- Sind die Rechtschreibung und die Zeichensetzung korrekt?
- Haben Sie korrekt zitiert?
- Kann der Leser ggf. notwendige Korrekturen erkennen und sind diese sorgfältig durchgeführt?

unterwegs sein

Was bedeutet eigentlich der Ausdruck „unterwegs sein"? Ein Blick in das *Deutsche Universalwörterbuch* gibt folgende Erklärungen: a) „sich auf dem Weg irgendwohin befindend", b) „auf der Reise, auf Reisen" und c) „draußen (auf der Straße)".

Begriffsbestimmung „unterwegs sein"

Denkt man über diese Begriffsbestimmungen nach, ergeben sich weitere Fragen: Kann „unterwegs sein" nicht auch als Umschreibung für die Entwicklung eines Menschen verwendet werden? Auf welche unterschiedlichen Arten (zu Fuß, mit dem Auto, per Schiff, …) und wohin (zu Freunden, in ein bestimmtes Urlaubsziel, zu sich selbst …) kann man eigentlich „auf der Reise" sein? Und welche Assoziationen weckt der Aspekt des „draußen" Seins? Straßen verbinden die Menschen, die sich untereinander besuchen, die miteinander Handel treiben, usw. Aber „draußen" kann auch heißen, dass man sich nicht nur in der freien Natur bewegt, sondern sich auch außerhalb einer Gemeinschaft aufhält.

„Unterwegs sein" lässt also zahlreiche Interpretationsspielräume zu: Man kann mit einem bestimmten Ziel (Handel, Pilgerreise, Besuch, Geschäftsreise, Erholung, Urlaub …) oder ohne ein festes Ziel (zur Zerstreuung, auf der Suche nach sich selbst …) in Bewegung sein. Ein weiterer Aspekt des Unterwegsseins ist die Art des Reisens, ob man – wie früher – zu Fuß, mit Eselskarren, mit Pferden oder – eher wie heute – mit der Eisenbahn, usw. sich als Individualreisender oder Massentourist fortbewegt. Dabei kann man an Grenzen stoßen, aber auch (eigene) Grenzen überwinden. Ebenso zahlreich sind auch die Perspektiven von Dichtern und Denkern auf das Unterwegssein des Menschen. Seit der Antike haben sie Reisebeschreibungen verfasst und damit die Sehnsucht der Leser nach der Ferne oder der Fremde in der Regel eher verstärkt als sie gestillt zu haben. Dabei bleibt die Struktur immer gleich: Aufbruch, Suche, (Heimweh) und Rückkehr.

Romantik (1795–1840)

Die Epoche der Romantik wird in den meisten Literaturgeschichten in dem Zeitraum von 1795-1840 angesiedelt. In der Regel unterteilt man die Epoche noch einmal in die Früh- und Spätromantik.

Betonung der Gefühle

Die Vertreterinnen und Vertreter der romantischen Bewegung verfolgten häufig utopische und realitätsferne Ziele. Zentrales Element ihrer lyrischen Produktion war oft die Betonung der Gefühle, die vor allem in den Themen „Heimat" und „Ferne" ihren Ausdruck fand. In den Gedichten verlassen junge Männer den vertrauten Lebenskreis, um sich in der Fremde zu bewähren und eine unbekannte Welt zu suchen, die Gegenstand ihrer Träume ist. Wander- und Reiselust, Fernweh und Suche nach einem tiefen Verständnis des Lebens in fremden Welten sind beliebte Motive dieser Epoche.

Selbstbestimmung und „Entgrenzung"

Des Weiteren propagierten die Repräsentanten dieser Epoche ein neues Lebensgefühl, das durch die Betonung von Innerlichkeit und Individualität (subjektiver Idealismus) bestimmt wurde. Hinzu kam die Sehnsucht nach einer höheren Welt. Nur der poetisch freie Künstler, der schöpferische Individualist, vermochte aufgrund seiner künstlerischen Einbildungskraft die erfahrene Wirklichkeit in einer höheren Welt aufgehen zu lassen. Die Poetisierung des Lebens, die künstlerische Darstellung des Alltäglichen, war ein weiteres Merkmal. So entstand neben der erfahrenen Wirklichkeit eine Welt, die durch Fantasie, Traum und Religiosität gekennzeichnet war.

Ein weiteres Ziel ist, dass das Individuum sich durch Bildung und den Erwerb von Fähigkeiten und Fertigkeiten seinem Ziel einer bis zum Unendlichen hin möglichen Selbstbestimmung nähert. Die Wendung zum Unendlichen sollte außerdem zu einer umfassenden Bewusstseinserweiterung des

Subjekts beitragen. Diese Bewusstseinserweiterung sollte auch durch viele auf die Vergangenheit bezogene Aspekte erfolgen. Aus diesem Grund spielte das Mittelalter bei den Romantikern eine große Rolle.
Bevorzugtes Thema der Frühromantik war insbesondere die Abkehr von der Darstellung des Tagesgeschehens. Die Auseinandersetzung mit den Aspekten der Nacht, des Schlafes, des Traums und des Todes gehört zu den charakteristischen Merkmalen. Nacht und Tod sind Symbole für das ewige Leben. Der Traum symbolisiert hingegen die in der Romantik erstrebte Bewusstseinserweiterung des Individuums.

„Universalpoesie"

Die Schaffung einer „Universalpoesie", die die Romantik anstrebte, verband die Gattungen Epik und Lyrik, jedoch seltener Dramatik, sowie deren Kleinformen – mit dem Ziel, im Kunstwerk der Totalität der Welt nahezukommen. So bestanden die Werke oft aus Mischformen, die häufig einen Wechsel von Prosa und Vers aufwiesen.

Realismus (1848–1900)

Kennzeichen des Realismus

Kennzeichen der Literatur in der Epoche des Realismus war die „verklärte" Wiedergabe der Realität, die die Dichter mit ihren literarischen Ausdrucksformen „modelten". Die Autoren bezogen den neuen Wirklichkeitsbegriff auf die herrschende Gesellschaft, indem sie die gesellschaftlichen Verhältnisse, die das Leben der Zeitgenossen prägten, zum zentralen Gegenstand ihrer literarischen Produktion erhoben. Sie setzten sich in ihren Werken (selbst)kritisch mit den Zielen ihrer Reise (Entwicklung und/oder Vervollkommnung des Selbst, wobei sie oft an die Bildungsreise der Klassik anknüpften) und den Erlebnissen während der Reise auseinander. Sie untersuchten die Wirklichkeit nach Gesetzmäßigkeiten, die in ihr sichtbar wurden, und die in den Augen der Autoren „typische" Verhältnisse ihrer Gegenwart darstellten. Der nächste Schritt bestand dann darin, diese „typischen" Verhältnisse zu fiktionalisieren.

Lyrische Vorbilder

Die bevorzugte Gattung des Realismus war die Epik. Die Lyrik spielte eine weniger bedeutende Rolle. Gleichwohl gab es Lyriker der Epoche des Realismus, die in den Gedichten nicht nur die wahrnehmbare Wirklichkeit abbildeten, sondern eine poetische Welt zur Realität schaffen wollten, wobei sie häufig auf die klassischen und romantischen Vorbilder zurückgriffen.

Postmoderne (1990–Gegenwart)

Neues Formbewusstsein

Anfang der 1990er Jahre entwickelte sich eine neue Richtung unter den Autoren lyrischer Texte. Auch wenn sie nicht gänzlich auf den Bezug zu alltäglichen Begebenheiten verzichteten und sich in Teilen der Alltagssprache bedienten, hielten sie die ausschließliche Produktion von „Alltagslyrik" für unangemessen. Immer wieder kam es unter den Schriftstellern zu Diskussionen über die angemessene poetische Auseinandersetzung mit der Vielfalt und Pluralität einer postmodernen Gesellschaft.

Schreibweise und Gegenstände

Am Thema des „Unterwegsseins" werden die zahlreichen, sich zunehmend ausdifferenzierenden Aspekte der aktuellen Lebenswirklichkeit greifbar: Mit „Unterwegssein" kann die (unabschließbare) Suche nach sich selbst ebenso gemeint sein, wie das von einer flexiblen, spontanen Gesellschaft beförderte ständige „In-Bewegung-Sein" in Beruf, Freizeit und Privatleben. Immer mehr Raum nimmt zudem das körperlose, virtuelle „Unterwegssein" in sich stetig verändernden und erweiternden digitalen Welten ein. Poetische Darstellungen der Gegenwart greifen diese Phänomene auf, oft verbinden sie die unterschiedlichen Facetten der Realität in Anlehnung an die oft verschlungenen Ebenen der Wirklichkeit des Lesers. So wird in der thematischen und formalen Vielfalt der Gedichte, die gegenwärtig entstehen, die zunehmende strukturelle Ausdifferenzierung der Gesellschaft deutlich.

SPICKZETTEL

Anforderungen

Die von Ihnen erwarteten Leistungen bei der Lösung einer Prüfungsaufgabe / einer Aufgabenstellung sind in der Regel drei Anforderungsbereichen (AFB) zugeordnet.

Anforderungsbereich I (AFB I): Reproduktion

- Den Inhalt eines eher einfachen Textes oder fachlichen Sachverhalts eigenständig wiedergeben
- Textart, Aufbau und Strukturelemente eines Textes unter Verwendung fachspezifischer Begriffe (Fachbegriffe, Fachterminologie) erkennen und bestimmen
- Fachspezifische Kenntnisse und Methoden in die Darstellung einbringen
- Teilergebnisse sinnvoll ordnen und verknüpfen
- Ergebnisse sprachlich angemessen formulieren
- Richtig zitieren

Anforderungsbereich II (AFB II): Reorganisation und Transfer

- Den Inhalt eines schwierigen Textes oder Sachverhalts eigenständig zusammenfassen
- Die Struktur eines Textes erfassen
- Die Argumentation eines Textes beschreiben
- Wortschatz, Satzbau und poetische Mittel eines Textes auf ihre Funktion und Wirkung hin untersuchen
- Aus dem Unterricht bekannte gestalterische Verfahren funktionsgerecht verwenden
- Aus dem Unterricht bekannte Untersuchungsmethoden auf vergleichbare neue Gegenstände anwenden
- Für eine literarische Epoche charakteristische Erscheinungen in einem Text aufzeigen

Anforderungsbereich III (AFB III): Reflexion und Problemlösung

- Intentionen und Wirkungsmöglichkeiten eines Textes ermitteln und beurteilen
- Die in einem Text vertretene Position in umfassendere theoretische Zusammenhänge einordnen
- Aus den Ergebnissen einer Textanalyse Schlüsse ziehen
- Bei gestalterischen Aufgaben selbständige und zugleich textangemessene Lösungen erarbeiten
- Die eigene Gestaltung reflektieren, erläutern und begründen
- Fachspezifische Sachverhalte begründet werten und einen Standpunkt argumentativ vertreten
- Hypothesen aufstellen und überprüfen
- Eine eigene Konzeption für die Bearbeitung einer komplexen Aufgabe entwickeln

Arbeitsschritte (vergleichender) Interpretationsaufsatz Lyrik

1. Arbeitsschritt: Erstes Überfliegen des Textes – Aufgabenstellung erfassen

↓

2. Arbeitsschritt: Text(e) aspektorientiert untersuchen

↓

3. Arbeitsschritt: These(n) zur Textdeutung formulieren

↓

4. Arbeitsschritt: Gliederung erstellen

↓

5. Arbeitsschritt: Klausur schreiben

↓

6. Arbeitsschritt: Klausur überarbeiten

Erschließungsaspekte Lyrik

lyrische Texte

Thema
- Wirklichkeitsbereich (Menschenbild, Natur, …)
- Grunderfahrungen (Fremdheit, Vergänglichkeit, Liebe, …)

inhaltlicher Aufbau
- Stimmung
- Motive
- Gedankenführung

lyrischer Sprecher
- Sprechsituation
- Sprechhaltung
- Sprechabsicht

lyrisches Genre
- z. B. Sonett, Lied, Ballade, Hymne, …

Form
- Vers, Strophe
- Reimschema
- Rhythmus, Metrum
- Klanggestalt

Sprache, Stil
- Stilmittel
- Bildlichkeit
- Wortwahl
- Satzbau

textüberschreitende Aspekte
- Zeitumstände
- Autorenbiografie und Werk
- literarische Epoche, Gattungsgeschichte

Fachbegriffe Lyrik

Vers und Strophe

Mit dem Begriff „Lyrik“ werden literarische Texte bezeichnet, die aus Versen bestehen. Während ein Prosatext als Fließtext gestaltet ist, wird ein Gedicht durch den Zeilenbruch geprägt. Stimmen Satzende und Zeilenende überein, spricht man vom **Zeilenstil**. Überspringt der Satz das Zeilenende liegt ein **Enjambement** (Zeilensprung) vor. Die **Strophe** bündelt einzelne Verse zu einer relativen Einheit (Klang- und Sinneinheit). Es gibt freie Strophenformen, aber auch solche, die durch ihre Reimform oder durch die Metrik festgelegte Gedichtformen bilden: so z.B. das Sonett oder das Volkslied.

Rhythmus und Metrum

Die Wirkung eines Gedichts beruht auch auf der gestalteten Abfolge von betonten (Hebung: -) und unbetonten (Senkung: v) Silben. Das Metrum legt Anzahl und Abfolge von Hebungen und Senkungen eines Verses (zwei- drei- oder vierhebig) fest.

Die am häufigsten auftretenden Metren sind:
Jambus (v-) wirkt aufsteigend, beschleunigend
„Es sang vor langen Jahren“
Trochäus (-v) wirkt abfallend, beruhigend
„Mitten wir im Leben sind“
Daktylus (-vv) wirkt fallend
„Pfingsten, das liebliche Fest, war gekommen“
Anapäst (vv-)
„Durch die ewige Frage: wozu?“
Alexandriner (v-/v-/v-/v-/v-/v-/(v))
„Was dieser heute baut, reißt jener morgen ein“
Hexameter (-vv/-vv/-vv/-vv/-vv/-v)
„Pfingsten, das liebliche Fest, war gekommen; es grünten und blühten…“
Pentameter (-vv/-vv/-//-vv/-vv/-)
„Aber der große Moment findet ein kleines Geschlecht“
freier Vers Verse von unterschiedlicher Länge mit wechselnder Hebungszahl

Klanggestalt

Auch Klangfarbe, Lautmalerei und Reim verstärken Wirkung und Ausdrucksstärke eines Gedichts. Helle oder dunkle Vokale, weiche oder harte Konsonanten spiegeln z.B. Gefühlszustände wider.
Die **Lautmalerei** ahmt akustische Eindrücke nach, die im Gedicht beschrieben werden (z.B. „Kuckuck“).
Auch Anfang und Ende eines Verses können klanglich hervorgehoben werden.
Ein **Auftakt** liegt vor, wenn ein Vers mit einer oder mehreren unbetonten Silben beginnt („Es schlug mein Herz, geschwind zu Pferde …“).
Endet ein Vers nach einer betonten auf einer unbetonten Silbe, spricht man von einer **weiblichen oder klingenden Kadenz** („Festgemauert in der Erden“). Verszeilen, die auf einer betonten Silbe enden, nennt man **männliche oder stumpfe Kadenz** („steht die Form aus Lehm gebrannt“).

Reim

Anfangsreim Die ersten Silben zweier aufeinanderfolgender Zeilen reimen sich:
„Krieg! Ist das Losungswort.
Sieg! Und so klingt es fort.“

Binnenreim Zwei oder mehrere Wörter in einer Zeile reimen sich:
„Bei stiller Nacht zur ersten Wacht …“

Endreim Die letzten Silben der Verse reimen sich als
- Paarreim (aa/bb)
- Kreuzreim (ab/ab)
- Schweifreim (aab/ccb …)
- umschließender Reim (abba)
- Haufenreim (aaa, bbb, …)

Reime unterscheidet man auch nach der Lautgestalt.
Reiner, bzw. **rührender Reim:** Die Laute stimmen vom letzten bzw. vorletzten betonten Vokal genau überein
„tugendreiche – Jugendstreiche“
Halbreim: Es reimen sich nur die letzten betonten Vokale, nicht die Konsonanten
„sehen – regen“
Unreiner Reim: Es gibt nur eine ungefähre Übereinstimmung im Klangbild
„Gemüt – Lied“

Strukturierende Elemente

Sprechsituation	Raum- und Zeitbezug Sprecherrolle Adressatenbezug Sprecherintention Sprecher- und/oder Adressatenwechsel
rhetorische Gestaltung	u.a. durch Satz- und Gedankenfiguren wie Klimax, Antithese, Parallelismus
lyrische Formelemente	Genre: z.B. Sonett, Liebesgedicht, Elegie usw. Vers und Strophe, Reimschemata Metrum, Rhythmus Klanggestalt (z.B. Assonanzen, Onomatopoetika usw.)

SPICKZETTEL

Aufbau äußerer Aufbau:
- Zusammenhang zwischen der Bildkomposition und der Strophengliederung

innerer Aufbau:
- linear, reihend, antithetisch
- Entfaltung des Themas, der Motive
- Abfolge und Zusammenhang der Bilder
- Gliederung durch Schlüsselwörter oder durch Raum- und Zeitverhältnisse

▶ Sprecher, lyrisches Ich oder Wir

Das lyrische Ich oder Wir kann direkt präsent sein, z. B. in Pronomina oder indirekt erscheinen, z. B. in wertenden Aussagen. Das lyrische Ich ist nicht mit dem Autor identisch, sondern eine Rolle, in die er schlüpft. Es vermittelt Erlebnisse, Erfahrungen, Gedanken und Gefühle, die beim Leser emotionale und gedankliche Resonanz auslösen, Identifikation/Ablehnung, … ermöglichen.

Die Haltung des lyrischen Ich lässt sich ermitteln

durch die Sprechsituation:
- den Bezug zu einer Situation, einem Gegenstand, einem Problem …
- den Bezug zu anderen genannten oder nur gedachten Figuren
- den Bezug zum Leser
- den Bezug des lyrischen Ich auf sich selbst

durch den Standpunkt gegenüber dem Dargestellten:
- die räumliche oder zeitliche Nähe, bzw. Distanz
- die unmittelbar Betroffenheit vom Geschehen

durch die Sichtweise:
- es kann z. B. reflektieren, argumentieren oder distanziert erzählen

durch die Sprechhaltung:
- es kann z. B. klagen, verherrlichen, belehren

▶ Lyrische Genres

Sonett Reimgedicht mit fester Form: 14 Zeilen, 4 Strophen: 2 vierzeilige (Quartette) und 2 dreizeilige (Terzette) meist mit jambischen Versen und Kreuz- oder umschließendem Reim

Lied einfaches, singbares Gedicht in Strophenform, meist gereimt. Sonderformen sind Ode und Hymne

Ode besonders feierliches, langes Gedicht mit festem Metrum und manchmal feststehendem Strophenschema, meist ohne Endreim

Ballade Gedicht, das von herausragenden Ereignissen oder Heldentaten erzählt und Gestaltungsmittel der Lyrik, des Dramas und der Epik verknüpft

Erzählgedicht im Unterschied zur Ballade wird z. B. in der modernen Dichtung auf Alltägliches verwiesen und ohne Elemente des Dramatischen erzählt

Hymne feierlicher Lob- und Preisgesang ohne formale Regelmäßigkeiten

Elegie ein oft in Distichen verfasstes Klage- und Trauergedicht mit sehnsuchtsvoller, schwermütiger Grundstimmung

▶ Bildlichkeit

Das sprachliche Bild stellt Anschaulichkeit und Gefühlsintensität her und eröffnet Deutungsspielräume für den Leser.

Personifikation Übertragung von Eigenschaften von Lebewesen (u. a. Menschen) auf Unbelebtes

Vergleich setzt zwei Bereiche durch „wie, als ob, …“ in Beziehung zueinander

Metapher bildhafte Übertragung, die im Kontext eine neue Bedeutung schafft

Metonymie ersetzt das eigentlich gemeinte Wort durch ein anderes Wort, das zu ihm in enger Beziehung steht (z. B. Ruhm durch Lorbeer)

Allegorie Verbildlichung eines abstrakten Begriffs oder Vorgangs (z. B. Leben als Schifffahrt)

Symbol sinnlich wahrnehmbares Zeichen, das auf Ideen und durch Kultur oder Tradition festgelegte Sinnzusammenhänge verweist

Chiffre bezeichnet ein verkürztes, verrätseltes Zeichen, das nicht in konkrete Aussagen aufzulösen ist. Ihr Sinn ergibt sich aus literarischen Bezügen, Assoziationen, Anklängen usw. („Schwarze Milch der Frühe wir trinken sie abends …“)

▶ Thema, Stoff, Motiv

Thema Grundgedanke, aus dem sich der Sinn- und Problemgehalt eines Gedichtes ergibt

Stoff erzählbarer Zusammenhang von Ereignissen, der von Künstlern aufgenommen oder erfunden wird, z. B. Artussage, Faust. Er entstammt entweder historischen Ereignissen oder Sagen, Mythen usw., die Teil des kulturellen Gedächtnisses sind

Motiv Baustein eines Textes, Bestandteil eines literarischen Stoffes. Durch Wiederholung kann ein Bild/Bildkomplex, ein Gegenstand oder eine Situation zum Motiv werden. Häufige Motive sind z. B. der Mond, die Nacht, die Einsamkeit, die Reise, das Fenster, Licht und Dunkelheit, …

Lyrische Genres nach Motiven und Themen
- Liebesgedicht
- Naturgedicht
- Stadtgedicht
- Reisegedicht
- Gedankenlyrik
- Politische Lyrik
- Religiöse Lyrik
- Alltagslyrik
- Erlebnislyrik
- Exillyrik

Rhetorische Figuren
Sprachliche Schemata, die ihre Wirkung durch die Abweichung vom Standardgebrauch der Sprache entfalten und Aufmerksamkeit erregen, Gefühle erzeugen und für eine lebendige Textgestalt sorgen.

Bei den rhetorischen Figuren unterscheidet man:

- **Wortfiguren:** Wörter ähnlicher Sinnbereiche (Akkumulation, Klimax, Metonymie, ...), Wiederholungen in gleicher oder ähnlicher Bedeutung (Anapher, Epipher, ...) oder in abgewandelter Form (Hyperbel, ...)
- **Sinn- oder Gedankenfiguren:** erweitern Bedeutungen in einem Gedankengang oder einer Aussage, schaffen semantische Ergänzungen (Antithese, Chiasmus, Oxymoron, rhetorische Frage, ...)
- **Satzfiguren:** abweichende grammatische Konstruktion eines Satzes (Akkumulation, Chiasmus, Ellipse, Inversion, Parallelismus, ...)
- **Klangfiguren:** spielen mit dem Wortklang, erzeugen Atmosphäre und laden den Text dadurch mit Bedeutung auf (Alliteration, Anapher, Epipher, ...)

Auswahl rhetorischer Figuren

Akkumulation	Häufung, Reihung von Begriffen ähnlicher Bereiche anstelle eines Oberbegriffs (Menschen sind Richter, Ärzte, Schriftsteller)
Alliteration	Stabreim, gleiche Anlaute in wiederkehrender Folge, häufig in Kinderversen, Werbeslogans (in Bausch und Bogen)
Anapher	Wiederholung von Wörtern oder Wortgruppen am Beginn aufeinanderfolgender Sätze (Er fror. Er ging zur U-Bahn. Er stieg ein.)
Antithese	Verbindung gegensätzlicher Begriffe, Aussagen (heiß ist die Nacht, kühl das Erwachen)
Antonyme	Wörter, mit denen Gegensätze ausgedrückt werden können (z. B. hell/dunkel)
Chiasmus	Kreuzstellung von Wörtern oder Satzgliedern (Der Einsatz war groß, klein der Gewinn)
Diminutiv	Verkleinerungs-, Verniedlichungsform oder Bildung von Kosenamen mit -chen, -lein
Ellipse	unvollständiger Satz, Auslassung notwendiger Wörter oder Satzglieder, meist der Prädikate (Voller Liebe sein Herz)
Emphase	nachdrückliche Betonung einer Aussage, Ausruf (Mein Gott!)
Epipher	Wiederholung am Ende von Wortgruppen, des Satzes oder Verses (Sie will alles, kann alles, macht alles)
Euphemismus	beschönigende Umschreibung (dahinscheiden für sterben)
Hyperbel	Übertreibung, Steigerung (himmelhochjauchzend)
Inversion	von der üblichen Verwendung abweichende Wortfolge, in der Lyrik meist aus rhythmischen Gründen (Bestraft muss er werden)
Klimax/ Antiklimax	Wortfolgen als Abstufungen, steigend: Klimax, fallend: Antiklimax (Er kam, sah und siegte)
Oxymoron	einander widersprechende Begriffe werden miteinander verbunden (alter Knabe)
Paradox	scheinbar oder tatsächlich unauflösbarer Widerspruch (weniger ist mehr)
Parallelismus	Nebeneinanderstellung, Wiederholung von Wortfolgen oder Satzbauformen in aufeinanderfolgenden Sätzen
Parenthese	Einschub eines Satzes oder Gedankens in einen anderen Satz
Pleonasmus	Wiederholung eines semantischen Aspekts innerhalb einer Wortgruppe (weißer Schimmel)
rhetorische Frage	Frage, die keine Antwort erwartet, oft Einverständnis voraussetzt
Synonymie	Wiederholungsfigur durch einen anderen Wortkörper für dieselbe Wortbedeutung (das zwickt mich und zwackt mich)
Tautologie	überflüssige Wiederholung gleichbedeutender Wörter (ABM-Maßnahme)

unterwegs sein

Heinrich Heine: Lebensfahrt

Heine setzt sich in seinem biografisch zu deutenden Gedicht mit seinen Erfahrungen als Schriftsteller in Deutschland und in seinem französischen Exil auseinander. Zunächst schreibt er in der Fortsetzung der Tradition der Romantik seine Gedichte in der gleichen Schreibweise wie seine Schriftstellerkollegen. Durch die Zensurmaßnahmen der herrschenden Regierungen wird er – wie viele andere Autoren auch – an dem Verfassen literarischer Texte, die sich kritisch mit der gesellschaftlichen und sozialen Situation auseinandersetzen, gehindert. Während sich viele andere Schriftsteller dem politischen Druck beugen, flieht Heine ins Exil nach Paris, wo er ein anderes literarisches Umfeld vorfindet. Im Kontakt mit neuen Freunden denkt er über die Funktion der Literatur in der Gesellschaft nach und entwickelt sein Literaturverständnis. Mit großem Gespür für die Grenzen des Erlaubten und einer geschickten Strategie umgeht er ein gegen ihn verhängtes Publikationsverbot und kann auf diese Weise zumindest in Teilen sein Publikum wieder erreichen. Dennoch fühlt er sich vor allem aufgrund der Sprache in der Fremde nicht wohl. So sehnt er sich nach seiner Heimat und seinem deutschsprachigen Publikum zurück.

Ute Zydek: Eine Heimat nicht gefunden

Auf einer jahrzehntelangen Flucht sammelt die Sprecherin / der Sprecher in Zydeks Gedicht unterschiedliche Erfahrungen. Häufig wird sie/er abgewiesen, seltener findet sie/er eine vorübergehende Herberge. Am Ende stellt sie/er fest, dass sie/er keine Heimat gefunden hat.

Theodor Fontane: [Ich bin hinauf, hinab gezogen]

Am Ende einer langen Suche nach dem persönlichen Glück erkennt das lyrische Ich in Fontanes Altersgedicht, dass sich seine mit der Fremde verknüpften Hoffnungen nicht erfüllt haben. Resignativ spricht es von „Einsamkeit" statt des ersehnten Glücks. Auf seinem Weg hat es zwar zahlreiche Facetten des „bunten Lebens" kennengelernt, aber diese oberflächlichen Erlebnisse haben seinen Wunsch nach emotionaler Geborgenheit nicht erfüllt. Erst nach der Rückkehr in die Heimat kann es seine innere Ausgeglichenheit wiederfinden, das „Verlangen" nach der Ferne legt sich. Enttäuscht und desillusioniert von den Erfahrungen in der Fremde, die kein „echtes Leben" bereithielt, empfiehlt es seinen Lesern, im eigenen „Haus", in der „Heimat", in der „Beschränkung" die wirklichen Lebensziele zu erkennen. Mit Nachdruck weist es am Ende darauf hin, dass nur im beschränkten, vertrauten heimatlichen Umfeld „das Glück" und „die Welt" zu finden sind.

Matthias Politycki: Goldener Oktober

Das lyrische Ich in dem Gedicht Polityckis hat sich nach zwei anstrengenden Herbsttagen auf einer Parkbank des Central Parks in den Häuserschluchten New Yorks niedergelassen. Es ist durch den Aufenthalt ermüdet und denkt nun über mögliche weitere Aktivitäten nach. Neben eher banalen, alltäglichen Beschäftigungen (Enten füttern, Frauen ansprechen) fallen ihm – mit den Möglichkeiten der Sprache spielend – weitere, eher skurrile Tätigkeiten (schreiend davonlaufen, warten, bis der Arzt kommt) ein, darunter auch einfach sitzen zu bleiben. Schließlich überlegt es sich, was geschähe, wenn es sich absolut passiv verhalten würde. Es beendet aber diesen Gedanken nicht, weil ihm klar wird, dass unabhängig von der Realisierung aller seiner „Überlegungen" sich seine Persönlichkeit, seine Identität nicht verändern würde.

Zusammenfassung

Die Auseinandersetzung mit den vorliegenden Gedichten verdeutlicht den Einfluss der romantischen Lyrikproduktion auf die nachfolgenden Epochen. So lässt sich eine Linie von der Romantik bis in die unmittelbare Gegenwart nachverfolgen.

Zu den zentralen Themen der **Romantik** zählte das Reisen. Die Autoren schickten in ihren Gedichten die Sprecher auf Wanderschaft, um ihre Sehnsucht nach einem vertieften Verständnis der Welt in der Ferne auszuleben. Zu den bevorzugten Ausdrucksformen zählten der Bilderreichtum, Reime und fließende Rhythmen.

In der vorwiegend durch epische Formen geprägten Epoche des **Realismus** verfassten die meisten Dichter ihre Lyrik in der Tradition der Romantik. Die Träger des Geschehens ziehen ebenfalls in die Ferne, um ihre Sehnsüchte zu stillen. Oft finden sie – in kritischer Abgrenzung von den Verheißungen und Glücksversprechen, die die Romantik oftmals mit dem Motiv des Aufbruchs verknüpfte – jedoch erst nach der Rückkehr in ihre Heimat und das ihnen vertraute Umfeld ihr Glück.

In der **Gegenwartslyrik** steht nach wie vor die Suche nach dem Ich im Mittelpunkt der lyrischen Produktion. Daneben entdecken die Sprecher ferne und fremde Welten. Des Weiteren geht es um die Überschreitung von Grenzen des Geheimen und des Privaten. Häufiger tauchen in den aktuellen Gedichten intertextuelle Bezüge zur Epoche der Romantik auf, mit denen die Autoren ebenso experimentieren wie mit den künstlerischen Ausdrucksformen dieser Epoche.